国際法からとらえる パレスチナ Q&A

イスラエルの犯罪を止めるために

ステファニー・クープ

岩波ブックレット No. 1101

目次

表紙写真：ガザ市のアル＝シファ病院、二〇二四年四月一日。© Getty Images

はじめに

二〇二三年一〇月七日、ハマス(巻末の用語解説参照)の武装部門を中心としたグループがイスラエルに攻撃を仕掛け、千人を超える人が命を失い、数百人が人質となりました。その直後からイスラエルはガザへの攻撃を開始しました。本書執筆時点(二〇二四年九月末)までに一一カ月以上が経ちましたが、イスラエルは攻撃を続け、犠牲者は増え続けています。

二〇二四年一月二六日、国際司法裁判所(ICJ)は、南アフリカの訴えを受け、イスラエル政府に、ガザでジェノサイドを防止する手立てをとるよう暫定措置命令を出しました。ICJは「世界法廷」とも言われる、国連憲章にもとづく国際司法の中核機関です。ICJはさらに、三月二八日と五月二四日にも、追加の暫定措置命令を出しています。また、国際連合安全保障理事会も、この間に停戦決議を採択しています。

一方、独立の国際刑事裁判所(ICC)主任検察官は、二〇二四年五月二〇日、ハマスの指導者三名、そしてイスラエルのネタニヤフ首相とガラント国防相に対し、戦争犯罪と人道に対する犯罪で逮捕状を請求しました(ただし、本書執筆時点でまだ逮捕状は発行されていません)。

ガザに関するニュースでは、「イスラエルとハマスの紛争」、「ガザ地区、死者××人を超える」、「イスラエル軍、ガザ市に激しい攻撃」といった言葉が目につきます。人道の観点からとてもひどいことが起きている。ニュースでこのことは伝わりますが、そうしたニュースを前に、問題は複雑のようだからどう判断してよいかわからないという方もいると思います。

ここで、国際法を物差しとして使い、事態を整理することができます。殺人が犯罪であり、それに適用される法律があって、処罰されるべき加害者がいるように、現在ガザで起きていることは犯罪であり、適用される法律があって、処罰されるべき加害者がいるのです。また、国際法のもとで、国の責任も問われることになります。ＩＣＪとＩＣＣの動きは法にもとづくものです。

法はまた、事態の背景を理解し私たちの行動を導く手掛かりにもなります。二〇二四年七月一九日、ＩＣＪは、五七年に及ぶイスラエルによるパレスチナ占領を不法とし、すみやかに撤退を求めるとともに、各国および国際組織には不法占領を容認しない・手を貸さない義務があるとする勧告的意見を出しました。これは、政治的思惑やプロパガンダを超えた指針を与えてくれます。

このブックレットでは、まず現在パレスチナで起きていることを国際法の観点から見ていきます。さらに、その歴史的・構造的背景を、法を使って読み解いていきたいと思います。

このブックレットではイスラエルによる行為を検討しますが、これには大きく二つの理由があります。第一に、占領状態と圧倒的な武力の不均衡の中で、国際法への違反行為についてはイスラエルによるものが中心となるからです。第二に、日本を含む「有力」諸国が、イスラエルによる国際法違反を看過し、さらには支援してきた経緯があるからです。

私は一九九二年にオーストラリアから日本に来ました。以来三〇年以上、日本で暮らしています。その間、東ティモールの連帯運動に参加し、大学院で国際法を学び、現在、日本の大学で主に国際刑事法と人権を教えています。このブックレットが、先進的な憲法を戴く日本で、パレスチナの状況を考えるために、国際法の観点からの手掛かりとなることを願っています。

1　これは「戦争犯罪」なのでは？

パレスチナをめぐるニュースでは、「戦闘」の状況、破壊されたガザの様子、民間人の犠牲者、人質、停戦交渉といったさまざまな状況が取り上げられています。ガザ現地がとてもひどい状況にあることが伝わってきます。罪のない子どもが爆撃や飢餓で命を失っていく状況は人道の観点から許されるものではありません。実際、日本では少なからぬ自治体が人道的停戦を求める決議や意見書を採択しています。

ところで、何かとてもひどいことが起きているというだけでは、事態が自然災害と同様のもの、人道的対応以外になすすべもないものと受け止められる恐れがあります。けれども、ガザの事態は人間が引き起こしていることです。その事態を認識するための共通の基準として、国際法があります。

この章では、報道をもとにガザでの事態をいくつか取り上げ、質問と回答のかたちで、それぞれの事態が国際法のもとでどのような犯罪に該当し得るのかを、法の説明も交えながら見ていきます。（なお、ガザについては巻末の用語解説と年表「基本的な出来事」も参考にしてください。）

Q1 住民が餓死する状況を作り出すことは罪にならないのですか？

雑草食べて生き延びようとする住民「間もなく餓死する」…ガザ北部で飢餓が危機的状況、支援届かず（読売新聞オンライン　二〇二四年三月一日）

イスラエルによる国際法上の犯罪（戦争犯罪、人道に対する犯罪、ジェノサイド犯罪）に該当し得ます。

国際法では、戦争犯罪、人道に対する犯罪、ジェノサイド犯罪（日本語の公式訳は「集団殺害犯罪」ですが、本書では「ジェノサイド犯罪」「ジェノサイド」を使います）という重大な犯罪があります。武力紛争下であれば何でも許されるというわけではなく、殺害をはじめとする民間人への攻撃や略奪、残酷な兵器の使用など、さまざまな行為が戦争犯罪になります。人道に対する犯罪は、広範または組織的な攻撃の一部としてなされる、民間人の殺害や絶滅させる行為、拷問、性的暴力、奴隷化、追放、拘禁といった行為を対象としています。ジェノサイド犯罪は、特定の集団（例えばパレスチナ人）を破壊する意図をもって、その集団の人を殺害したり、身体や精神に重大な害をなすこと、生きる条件を破壊することなどを対象とします。

このニュースは二〇二四年三月のものですが、国際人権団体のヒューマンライツ・ウォッチは既に二〇二三年一二月、「イスラエル：ガザで飢餓を戦争の武器として利用」という報告書を出しています。さらに二〇二四年七月九日には、複数の国際連合（国連）独立専門家が、ガザでの飢饉を警告しています。飢饉は食糧不足が広まり破滅的になる状況をさします。

こうした飢餓・飢饉は、イスラエルが引き起こしたものです。これが戦争犯罪、人道に対する犯罪、ジェノサイド犯罪に該当し得ることについて説明しましょう。

まず、ガザはイスラエルの占領下にあります。一〇月七日以前にイスラエル軍はガザから撤退していましたが、物資の搬入も人の出入りもイスラエルがコントロールしており、法的には占領状態が継続しているとみなされます。国際人道法には、占領国は文民すなわち民間人を保護しなくてはならないという規定があります。民間人から食糧や医薬品など、その生存に不可欠な物品をはく奪することはそのルールに違反し、戦争犯罪にもなります。このことは、国際刑事裁判所（ICC）ローマ規程でも明確に定義されています。ニュースには「支援届かず」とありますが、食糧や医薬品の維持といった義務を負うイスラエルが、義務を果たすどころか意図的に妨害をしている状態なのです。

また、イスラエルはガザで広範にわたり民間人への攻撃を続けています。その文脈で見ると、人道に対する犯罪の「絶滅させる行為」や「殺人」に該当する可能性が高くあります。「絶滅させる行為」には、住民の一部の破壊をもたらすことを意図した生活条件を故意に課すこと、特に食糧や医薬品の入手機会のはく奪が含まれます。ICC主任検察官がベンヤミン・ネタニヤフ首相とヨアヴ・ガラント国防相について出した逮捕状請求では、戦闘の方法として民間人の飢餓を故意に利用するという戦争犯罪だけではなく、これらの人道に対する犯罪も罪状に含まれています。

ジェノサイド犯罪について言うと、イスラエル政府や軍の指導者はガザのパレスチナ人を破壊する意図を公言しています。ガラント国防相は、二〇二三年一〇月九日、イスラエルは「人間動物と戦っている」ので「あらゆるものを排除する」と述べており、一〇月一三日、イツハク・ヘルツォグ大統領は「あの民族全体が有罪だ」と言っています。ネタニヤフ首相は一〇月二八日と一一月三日に「アマレクがしたことを忘れるな」と述べています。「さあ、アマレクを攻撃し、すべてを根絶せよ。誰も見逃してはならない。男も女も、子どもも、乳飲み子も、牛も羊もラクダもロバも殺せ」という旧約聖書の一節をふまえた発言で、皆殺しにせよという意味です。

この点を考慮すると、ジェノサイド犯罪の条件である意図を認めることができる可能性が高く、ジェノサイド犯罪の中の、「身体的破壊をもたらすことを意図した生活条件を故意に課すこと」に該当すると考えることができます。ルワンダのジェノサイドに関して、ルワンダ国際刑事裁判所(ＩＣＴＲ)が元タバ市長ジャン＝ポール・アカイェスを裁いた件では、このタイプのジェノサイドを行なう方法として、「人々に最低限の食事しか与えないこと、住んでいる所から組織的に追放すること、基本医療サービスの提供を必要最小限より低い水準に引き下げること」が含まれているとしています。実際、意図的に食糧の搬入を妨害して子どもを飢えさせることに、武力紛争上の意味があるとは考えにくいでしょう。武力紛争とは別に、体系的に人々を破壊しようとしていると考える方が適切だと思います。

Q2 戦闘の中では、民間人が殺されることは仕方ないのでしょうか？

イスラエル軍がジャバリア難民キャンプを空爆、三〇人が殺されたと市民防衛隊。遺体が爆撃で破壊された建物から掘り起こされている。市民防衛隊によるとほとんどが女性と子どもだという。（アルジャジーラ 二〇二三年一〇月二二日）

仕方ないということは決してありません。戦争犯罪、人道に対する犯罪、ジェノサイド犯罪のすべてに該当し得ます。

武力紛争にもルールがあります。国際人道法のもとで、意図的に民間人と民用施設を攻撃することは禁止されており、それに違反した場合は戦争犯罪になります。無差別な攻撃も同じです。合法的な軍事目標を攻撃する場合であっても、手段と方法を選ぶ際には巻き添えによる民間人の犠牲と民用物の損傷を防止するか、少なくともこれらを最小限にとどめるために、すべての実行可能な予防措置をとることが求められ、また、軍事的利益に対して民間人や民用物の被害を過度に引き起こすことが予期される攻撃は禁止されています。

イスラエルが意図的に民間人を標的としたことは数多く報告されています。二〇二四年一月二九日、六歳のヒンド・ラジャブさんは、家族と乗っていた車がイスラエル軍に襲撃されました。家族は即死し、一人残されたヒンドさんは赤新月社（日本の赤十字社に対応）に電話をして助けを求めましたが、救出に向かった赤新月社の救急車も襲撃され救急隊員二名も殺されました。ヒンドさんは一二日後、遺体で見つかりました。多数の銃弾を受けていました。

国連の人権理事会が設置した「東エルサレムを含む被占領下パレスチナ及びイスラエルに関する独立調査委員会」は、二〇二三年一〇月七日から一二月三一日の期間を対象として行なった調査の報告書で、民間人の意図的な殺害と民用施設の意図的な破壊のケースを複数報告しています。例えば、二〇二三年一二月にガザ市にあるカトリック教会に避難していた女性二人がイスラエル軍の狙撃手に殺害され、また、教会の隣にある障害者が避難している修道院が、イスラエル軍の戦車に攻撃されました。民間人の住宅がブルドーザーや爆弾で破壊されたり、焼き払われたりもしています。

イスラエルは、戦闘員や軍事目標と民間人や民用施設を区別しない無差別の殺害や破壊を行なっています。二〇二三年一二月、ワシントン・ポスト紙は、イスラエルがガザで投下している爆弾の半数に誘導制御機能がないと報じています。また、イスラエル軍兵士たち自身が、「立ち入り禁止」区域に入ってきたパレスチナ人を「気ままに」射殺したと証言しています。

二〇二四年九月一五日までにガザで殺されたパレスチナ人は少なくとも四万一二〇六人、そのうち一万七〇〇〇人近くが子どもです。

イスラエルの攻撃が広範になされていることを考えるならば、人道に対する犯罪の殺人や絶滅させる行為に該当する可能性があり、さらに、意図を考えるとジェノサイド犯罪の「当該集団の構成員を殺害すること」に該当し得ます。

いずれにせよ、これらは犯罪であり、加害者は処罰されなくてはなりません。自然災害で犠牲者がでた、というものではないのです。
実際にこれらの犯罪が認められ有罪判決が出されたケースは多数あります。特に注目を集めた事例として、ボスニア内戦におけるサラエヴォ包囲で、狙撃と砲撃により民間人が殺されたことを含む事態に関して、旧ユーゴスラビア国際刑事裁判所(ＩＣＴＹ)がセルビア人指導者ラドヴァン・カラジッチおよびセルビア人勢力軍最高司令官ラトコ・ムラディッチに対して戦争犯罪と人道に対する犯罪で下した有罪判決があげられます。

Q3

民間人を撤退させることは適切なことなのですか？　攻撃の際に民間人被害を抑えるためという主張は妥当なものなのでしょうか？

イスラエルがガザ北部からの撤退命令を出したことで住民に恐怖と混乱(アルジャジーラ英語版 二〇二三年一〇月一三日)
ラファ東部を離れるガザ住民、イスラエル軍が即刻退避命令(ＣＮＮ 二〇二四年五月七日)

民間人の追放そのものが、国際法で禁止されている犯罪に該当します。戦争犯罪であり、また、人道に対する犯罪、そしてジェノサイド犯罪に該当し得ます。

国際人道法のジュネーブ第四条約では、民間人の追放(法的には追放と強制移送が区別されますが、本書では簡単にするため追放という言葉を緩やかに使います)を禁止しています。住民の安全や軍事上の理由で必要とされるときに民間人を移送することが例外的に認められますが、その場合は、適当な施設を設けること、立ち退きが、衛生と保健、安全、給食について満足すべき条件で行なわれること、家族がばらばらにならないこと、移送を必要とした状況が終了したら住民をすみやかに送還することなど、満たすべき要件があります。

Q2で言及した「東エルサレムを含む被占領下パレスチナ及びイスラエルに関する独立調査委員会」の報告書は、イスラエルが出している退去命令がこの要件を満たしていないため、戦争犯罪に該当するとしています。それを人道的配慮のように言うイスラエルは、被占領下パレスチナの人権状況に関する国連特別報告者のフランチェスカ・アルバネーゼ氏が明言しているように、国際人道法に違反しながらそれを守っているふりをしている、すなわち国際人道法を悪用しているのです。

二〇二三年一〇月から、イスラエルは、ガザの人々を、まず北部から中部へ、さらに南部へと追いやってきました。その際、「安全経路」とされたところを通っていた人々を爆撃しています。また、二〇二四年五月には、イスラエルが「安全地帯」と指定していた最南端のラファハ（ラファ）からの退去命令も出しています。七月二日にはガザ市の全住民数十万人に退去命令を出しました。ガザでは、二〇二三年一〇月以来、多くの人が繰り返し住むところを追われてきました。浄水施設やゴミ処理施設など基本的な生活インフラもガザ全土で破壊されています。これでは生活環境が維持できるはずがありません。

人道に対する犯罪の中には、「住民の追放または強制移送」という犯罪行為があります。イスラエルがやっている住民の追放は、これに該当し得ます。さらに、ジェノサイド犯罪の中の、

「身体的破壊をもたらすことを意図した生活条件を故意に課すこと」に該当する可能性もあります。

これに照らして考えると、冒頭のニュースの見出しは不思議だと思いませんか？「イスラエルがガザ北部からの撤退命令を出したことで」、「イスラエル軍が即刻退避命令」と、さらっと書かれていると、何か、イスラエル軍には退去命令を出す権利があるのではと、疑問に思うこともなく当然のことのように感じてしまうのではないでしょうか？　国際法の観点からは、そもそもイスラエル軍がこのような退去命令を出すこと自体が不法であり、住民を追放することは重大な国際犯罪なのです。

Q4 拷問や性的暴力が多数報告されています。許されないのでは？

釈放の院長「拷問受けた」　イスラエルが拘束七カ月　シファ病院
パレスチナ自治区ガザ最大級のシファ病院の院長で、イスラエルが昨年一一月以来、拘束していたムハンマド・アブサルミヤ氏が約七カ月ぶりに釈放された。**AP**通信などが一日に報じた。報道によると記者会見で「拘束中に拷問を受けていた」と主張。イスラエル側は否定しているという。
（朝日新聞デジタル　二〇二四年七月三日）

これらも、戦争犯罪、人道に対する犯罪、ジェノサイド犯罪のすべてに該当し得ます。拷問や

性的暴力は意図的でしかあり得ないことにも注意しましょう。

イスラエルによる拷問や性的暴力は、二〇二三年一〇月七日以前から、西岸（用語解説参照）も含めて、多数報告されています。二〇二三年三月にEUが出した報告書「国際法違反：イスラエルによるパレスチナ人被拘禁者の扱い」は、イスラエルの監獄で「行政拘禁」（裁判を受けずに拘禁され拘禁期間が繰り返し延長され得るもの）されたパレスチナの人々が拷問を受けた証拠があると述べていますし、アムネスティ・インターナショナルなどの国際人権団体も繰り返し指摘しています。

二〇二四年四月、ガザ市のアル＝シファ病院（シファ病院）とハンユニスのナセル病院の二カ所で、三九〇人以上もの遺体が遺棄されているのが見つかりました。女性や子どもも含まれ、さらに、多くが拷問を受け、集団処刑された形跡があり、また、生きたまま埋められた可能性もあると、複数の国連特別報告者が述べています。国連専門家はまた、性的暴力についても警告を発しています。八月には、イスラエルのスデ・テイマン収容所に拘禁されたパレスチナ人をイスラエル軍兵士が強かんしている映像がイスラエルで公開されました。

拷問や性的暴力は、国際人道法に違反する、戦争犯罪です。また、人道に対する犯罪の中には「拷問」そして「強かん、性的奴隷、強制売春、強制妊娠、強制断種、その他あらゆる形態の性的暴力であってこれらと同等の重大性を有するもの」があり、それにも該当し得ます。行政拘禁そのものが「不法拘禁」になる可能性があります。拷問や性的暴力は、ジェノサイド犯罪の「当該集団の構成員の身体または精神に重大な害を与えること」に該当する可能性もあります。

Q5 病院を攻撃し患者や避難民を殺すことは戦争の一環として認められる行為ですか?

空爆がアル＝シファ病院にとても近づいている。少なくとも四万人のパレスチナ人がそこに避難している。（アルジャジーラ特派員ヒンド・フーダリー氏ツイート 二〇二三年一一月九日）

今、アル＝シファ病院に白リン弾が雨のように降り注いでいる。（ムハンマド・スミリー氏ツイート 二〇二三年一一月一一日）

アル＝シファ病院で新生児三人とＩＣＵ患者三人が死亡。（アルジャジーラ特派員ヒンド・フーダリー氏ツイート 二〇二三年一一月一三日）

アル＝シファ病院長：私たちは病院の庭に、イスラエル軍に殺された一五〇人以上の人々のために集団墓地を掘っているところだ。（ムハンマド・スミリー氏ツイート 二〇二三年一一月一四日）

病院への攻撃自体は、明白な戦争犯罪です。また病院の患者や病院に避難していた人々の殺害は、戦争犯罪に加えて、人道に対する犯罪とジェノサイド犯罪に該当し得ます。

病院は国際人道法で特に保護される対象で、決して攻撃の対象としてはいけません。戦闘員の拠点などとして使われ保護資格を失うことはあり得ますが、保護資格を失ったことを示す責任は、徹頭徹尾、攻撃をする側にあります。この攻撃の際には、イスラエルは、病院にハマスの基地があると主張していましたが、のちに示した「証拠」は証拠とはなり得ないものでした。仮にそのような証拠があったとしても、民間人と民用施設の被害を最小化する義務があります。ヴォルカー・ターク国連人権高等弁務官は独立の調査を求めましたが、それも実現していません。

イスラエルはその後もガザのさまざまな病院や診療所への攻撃を繰り返しました。さらに、イスラエルはアル＝シファ病院を攻撃したときにしていた「ハマスの基地がある」といった言い訳を、その後はあまりしなくなっています。世界保健機関（ＷＨＯ）によると、二〇二四年六月六日の時点で、一部であれ機能しているガザの病院は三六院のうち一七院のみ、プライマリヘルスケア施設は九七カ所のうち三八カ所のみです。国際ＮＧＯセーブ・ザ・チルドレンは、二〇二四年四月二二日、ガザにおける保健医療施設への攻撃率は二〇一八年以来世界中で起きたどの紛争よりも高いと報告しています。ＷＨＯは二〇二三年一〇月七日以降、被占領下パレスチナ全体の保健医療施設に対する攻撃を一〇〇〇以上記録しています。

そもそも病院を攻撃することは戦争犯罪に該当しますが、イスラエル政府・軍関係者の発言も考慮するならば、ジェノサイド犯罪の「身体的破壊をもたらすことを意図した生活条件を故意に課すこと」に該当する可能性も真剣に検討すべきでしょう。また、病院の患者や避難民を殺害すること、電源を遮断して保育器の子どもの命を奪うことなどは、戦争犯罪に加えて人道に対する犯罪とジェノサイド犯罪にも該当し得ます。

イスラエルは、病院以外にも、国際人道法で禁止されている対象への攻撃を行なっています。例えば二〇二四年七月の時点で、国連パレスチナ難民救済事業機関（ＵＮＲＷＡ）の施設は五〇〇回近くにわたり攻撃を受け、ＵＮＲＷＡが運営する学校の三分の二が攻撃され、ＵＮＲＷＡの施設に避難していた五〇〇人以上が殺されています。人道的援助にかかわる施設や教育施設への攻撃は戦争犯罪です。繰り返しになりますが、武力紛争時に保護対象たる資格を失ったことを立証する責任は、徹頭徹尾、攻撃する側すなわちイスラエルにありますが、イスラエルはそれを立証していません。ちなみに、イスラエルは、二〇二四年一月末に、ＵＮＲＷＡ職員が一〇月七日のイスラエルへの攻撃に関与したと主張し、日本政府などもＵＮＲＷＡへの拠出金を一時停止しましたが、結局、検証に耐える証拠を出すことができませんでした。

Q6 農地や環境の大規模な破壊が進んでいます。これらはどう考えればよいでしょうか？

ガザでは農業による食糧供給資源の四割が破壊された（フォレンジック・アーキテクチャ「ガザのエコサイド」二〇二四年三月二九日）

この破壊は、戦争犯罪、人道に対する犯罪、ジェノサイド犯罪のすべてに該当し得ます。

二〇二四年七月一五日のアルジャジーラ報道によると、破壊はさらに広がり、イスラエルはガザの耕作可能地の半分以上を破壊したとのことです。破壊の規模とその他の要素を考えると、これは「軍事上の必要性によって正当化されない不法かつ恣意的に行なう財産の広範な破壊」という戦争犯罪に該当する可能性が高くあります。また、軍事的利益に対して、自然環境に対する広範、長期的かつ深刻な損害を過度に引き起こす攻撃は、戦争犯罪として禁止されていますが、それにも該当し得ます。

食糧供給を断ち飢餓を引き起こす可能性を考えると、農地の破壊は、イスラエルによる食糧などの支援物資の妨害と同様、戦闘の方法として民間人の飢餓を故意に利用するという戦争犯罪になり得ます。同じ理由で、人道に対する犯罪の「絶滅させる行為」と「殺人」に該当する可能性、そしてジェノサイド犯罪の「当該集団の全部または一部に対し、身体的破壊をもたらすことを意図した生活条件を故意に課すこと」に該当する可能性を考えることができます。

人道的危機と犯罪

ここまで、イスラエルがガザでやっていることが、重大な国際犯罪であり、戦争犯罪、人道に対する犯罪、そしてジェノサイド犯罪に該当し得ることを示してきました。ハマスの行為の中には戦争犯罪と人道に対する犯罪に該当し得るものがありますが、それらは基本的に一〇月七日に犯されたものです。一方、イスラエルは、本稿執筆時点で一一カ月以上にわたり新たな犯罪行為を重ねています。

これらの犯罪は、国内での犯罪と同様に、責任者や実行者がいて、裁かれるべきものです。ロシアのプーチン大統領がウクライナ侵略に関して侵略犯罪や戦争犯罪の罪を負っていることは読者の皆さんには腑に落ちると思います。同様に、イスラエルのネタニヤフ首相やガラント国防相そしてその他の政府や軍の指導者たち、司令官や直接手を下した兵士たちは、罪を問われてしかるべきです。

ところで、このひどい人道的状況に置かれた人々、命を失ったたくさんの子どもや女性が、犯罪の犠牲者であるという明確な意識を、私たちは共有できていたでしょうか。イスラエルの行為が犯罪であるとはっきりと意識しにくいとすると、それにはいくつかの理由が考えられます。

第一に、報道が、出来事を国際法に照らして評価せず、「対立」の枠組みの中で伝えがちだからです。NHKのウェブサイトでほぼ毎日更新されていたパレスチナ情勢の「詳細」ページでは、二〇二四年四月一九日まで、バナーが「イスラエル／ハマス」となっていました。

二〇二四年七月一一日、毎日新聞夕刊は「ガザ市住民にイスラエル軍避難命令」という見出しの記事を掲載しています。最初の段落は次のようになっています。

「パレスチナ自治区ガザ地区での戦闘を巡り、イスラエル軍は一〇日、ガザ地区最大都市ガザ市の全住民に避難命令を出した。イスラエル紙ハーレツによると、昨年一〇月以来、ガザ市の全住民に避難命令を出すのは初めて。イスラム組織ハマスの戦闘員が再編成をしているとして攻撃を強めている他、停戦交渉が続く中、ハマスに圧力をかける狙いがありそうだ。」

Q3で見たように、こうした「避難命令」は国際法で禁じられている追放に該当し、それ自体、戦争犯罪、人道に対する犯罪、ジェノサイド犯罪に該当する可能性があります。けれども、この記事のように報じられると、何か当然のことのような、あるいは戦闘の中では許容されているかのような印象をもってしまうのではないでしょうか。

第二に、報道が、イスラエルや米国が言ったことをはじめとして、事実の検証なしに、「意見」

を並置しがちなことです。二〇二三年一一月一六日、アル＝シファ病院に対するイスラエルの攻撃を扱ったＮＨＫの記事では、「イスラエル軍〝病院で作戦指揮所〟ハマスは否定」との見出しのもとで、「イスラエル軍は病院の敷地内での交戦で多数の戦闘員を殺害したとしたうえで、病院内でハマスの作戦の指揮所や武器などを見つけたと主張しています」と書き、またバイデン米大統領の言葉を引いて「『先にハマスが病院の下に司令部を隠し置くという戦争犯罪を起こしているという状況がある。それは事実であり、実際に起きたことだ』とハマス側を非難しました」と報じています。「ハマスは病院は医療と市民のための建物で、軍事施設ではないと主張しています」と、ハマスの主張も掲載していますが、このような「見解」の並置には、法の観点から根本的な問題があります。繰り返しになりますが、病院は民用施設であり国際人道法の観点から保護対象となっています。保護対象ではなくなったことを示す責任は徹頭徹尾、攻撃する側にあるという視点がまったく欠けているのです。イスラエルが示した「証拠」は妥当性に欠くものであることが明らかになっていますし、バイデン米大統領も発言の根拠を示していません。

第三に、強大な武力が行使されて、大規模な破壊や虐殺が行なわれると、私たちは、あまりの悲惨さにその状況を思い浮かべることが難しくなるのではないでしょうか。災害で多くの人が亡くなったときと同じように捉えて、心を落ち着かせようとするかもしれません。そうすると、一つ一つの行為について、それが犯罪であり、加害者がいて、そしてかけがえのない生を歩んでいくはずだった人たちがその犯罪の犠牲になったのだ、というかたちで事態を捉えにくくなってしまうのではないかと思います。

第四に、どんなにひどい状況をニュースで聞いても、あまりに続くと心が疲れてしまい、注目し続けることが難しくなってしまう可能性があります。

犯罪を犯罪として裁くためには時間がかかります。もちろん、今、苦しい状況にいる人を支援することはとても重要なことです。犯罪を犯罪として裁くよう働きかけることと被害者の支援をすることは両立するものですが、前者は時間がかかるため緊急の状況では意識の中で後回しになることがあるのかもしれません。けれども、犯罪を犯罪として明確に認識せず、それを防止するための義務を国が果たしていない状況を放置するならば、そして、犯された犯罪を法のもとできちんと裁くことができないならば、停戦が成立したとしても、力を持った者がまた同じことを繰り返します。実際、イスラエルは一九六七年以来、パレスチナの地を不法に占領し、二〇〇〇年代に入ってから数度にわたりガザを攻撃してきました。国際的な犯罪を犯して処罰されないままでは、問題解決の入り口にさえ到達できません。法はそれだけでは十分ではないかもしれませんが、必須のものなのです。

次の章では、関連する国際法について体系的に整理し、改めてパレスチナ事態を、特にジェノサイド犯罪の観点から検討することにします。

2　国際法と、パレスチナで起きていること

この章では、国際法の基本を紹介し、第1章で国際犯罪として言及した、戦争犯罪、人道に対する犯罪、ジェノサイド犯罪がどのようなものかを確認します。また、国際法を執行する枠組みについても紹介します。そのうえで、第1章で見た、二〇二三年一〇月からガザでイスラエルがやっていることを、国際法上の犯罪という観点から改めて整理します。

Q7　国際法は誰と何に及ぶ法なのですか？

国際法は、国際社会に関する法で、基本的に、国際条約、そして慣習国際法と言われる確立した国際社会の慣習からなります。もともと国家間の関係を中心としていましたが、現在は、国際機関や企業、個人などにも対象が広がってきています。

国際連合(国連)は国際法と深く関係しています。国連憲章自体が国際条約です。国連憲章は、国際的な平和と安全、人々の平等の権利と独立の権利をうたい、国々の間の友好関係を育み、国際問題を解決するとともに、人権や自由の尊重を促進することを原則としています。この原則は、その後の国際法や国際社会を動かすメカニズムの発展を促してきました。

表1　国際人道法・国際刑事法・国際人権法

カテゴリー	定義	条約／制度など
国際人道法	武力紛争の事態における人道的側面に関する規範，非国際的武力紛争を含む	ハーグ陸戦条約とその附属規則，ジュネーブ諸条約，ジュネーブ条約追加議定書，国際刑事裁判所(ICC)ローマ規程／国際赤十字委員会
国際刑事法	ジェノサイド犯罪(集団殺害犯罪)，人道に対する犯罪，戦争犯罪，侵略犯罪を主とする国際犯罪を裁く体系	ジェノサイド条約，アパルトヘイト条約，国際刑事裁判所(ICC)ローマ規程，ジュネーブ条約などの関連する条約／各種特別国際刑事裁判所，国際刑事裁判所(ICC)
国際人権法	人権保障に関する国際的な規範，およびそれを実施するための法制度や手続きの体系	国際人権規約(社会権規約・自由権規約)，人種差別撤廃条約，拷問等禁止条約，子どもの権利条約，女性差別撤廃条約，障害者権利条約など／国連人権理事会，各人権条約機関など

主に東澤靖(2021)『国際人道法講義』東信堂，申惠丰(2016)『国際人権法 第2版』信山社を参考にした.

国連の総会決議には法的拘束力はありませんが、国際社会が受け入れている基準を示しています。また、慣習国際法の根拠となることがあります。これに対して、国連安全保障理事会(安保理)の決議は多くの場合、法的な拘束力を持ちます。

国家間の係争を解決するための司法機関として、国連憲章のもとで国際司法裁判所(ICJ)が設置されています。係争に判決を下すほかに、国際法をめぐる法律的見解を勧告的意見として示す権限を有しています。

パレスチナ事態を考えるうえでは、国際法の中で、国際人道法、国際刑事法、国際人権法が関連します。簡単な定義と関連する主な条約や制度を表1に示します。これらのうち、本書で特に参照するのは、国際人道法と国際刑事法です。

国際人道法は、**武力紛争の際に守らなくてはならない規範**を示したもので、国際的な武力紛争だけでなく国以外の武装集団も関わる非国際的な武力紛争にも適用されます。現在の国際人道法の中核をなすのは、一九四九年に採択されたジュネーブ諸条約と一九七七年の追加議定書です。単純化して言うと、国際人道法のルールに対する重大な違反は戦争犯罪となります。

国際刑事法は、**ジェノサイド犯罪**、**人道に対する犯罪**、**戦争犯罪**、**侵略犯罪**を主とする国際犯罪を裁く体系で、一九九八年に採択された国際刑事裁判所（ICC）ローマ規程を中核とします。ローマ規程では、戦争犯罪は国際人道法を参照しており、ジェノサイド犯罪は一九四八年に採択されたジェノサイド条約の定義を引き継いでいます。

国際刑事法で重要な点は、**犯罪を裁くための法**だということです。個人が裁かれる対象となります。歴史的には、第二次世界大戦後のニュルンベルク裁判と東京裁判を発端とし、旧ユーゴスラビア国際刑事裁判所（ICTY）やルワンダ国際刑事裁判所（ICTR）といった国際法廷の設置などを経て、ローマ規程が発効した二〇〇二年、独立の国際刑事裁判所（ICC）がオランダのハーグで活動を開始しました。ICCは、これまでに、さまざまな地域の事態を捜査し、コンゴ民主共和国、ウガンダ、スーダン、中央アフリカ共和国、コートジボワール、ケニア、リビア、マリ、ジョージア、ウクライナでの紛争について逮捕状を発行し、コンゴ民主共和国、ウガンダ、マリの事態で戦争犯罪と人道に対する犯罪で有罪判決を下しています。

Q8　国際法での犯罪とはどのようなものですか？

ICCローマ規程は、ジェノサイド犯罪、人道に対する犯罪、戦争犯罪（それに加えて本書では

表2　ICC ローマ規程におけるジェノサイド犯罪・人道に対する犯罪・戦争犯罪

犯罪	成立要件	該当する犯罪行為
ジェノサイド犯罪(集団殺害犯罪)(第6条)	加害者が，国民的，民族的，人種的または宗教的な集団の全部または一部を破壊する意図をもって右の行為のいずれかを行なったこと	①当該集団の構成員を殺害すること ②当該集団の構成員の身体または精神に重大な害を与えること ③当該集団の全部または一部に対し，身体的破壊をもたらすことを意図した生活条件を故意に課すこと ④当該集団内部の出生を妨げることを意図する措置をとること ⑤当該集団の児童を他の集団に強制的に移すこと
人道に対する犯罪(第7条)	右の行為が文民たる住民に対する広範または組織的な攻撃の一部として行なわれたこと	①殺人　②絶滅させる行為　③拷問　④強かん，性的奴隷，強制売春，強制妊娠，強制断種，その他あらゆる形態の性的暴力であってこれらと同等の重大性を有するもの　⑤奴隷化　⑥住民の追放または強制移送　⑦不法拘禁　⑧迫害　⑨強制失踪　⑩アパルトヘイト　⑪その他の非人道的行為
戦争犯罪(第8条)	①国際的または非国際的な武力紛争(占領も含む)が存在し，②右の行為が何らかのかたちでその紛争に関連していること	以下の4つのカテゴリーのいずれかの行為(詳細は省略)* ①人に対する行為　②財産に対する行為　③禁止されている戦闘の方法を利用すること　④禁止されている戦闘の手段を利用すること

* この4区分は Gerhard Werle and Florian Jessberger, *Principles of International Criminal Law*, OUP, 4th edition, 2020, pp. 459-460 より.

扱いませんが侵略犯罪)を、犯罪として定義しています。表2に、三つの犯罪の成立要件と該当する行為を示します。

ジェノサイドというと大量虐殺をイメージしがちですが、国際法上のジェノサイドは殺害以外の行為も含みます。また、ジェノサイドにおいては意図の有無が重要になります。

人道に対する犯罪は、まとまったグループとしての民間人に対する攻撃であることがポイントです。ここで大切な点が三つあります。第一に、攻撃は軍事的なものに限定されず、例えば警察によるあるグループの体系的な殺人なども該当し得ること、第二に、国または組織の政策に従うかその政策を推進するために行なわれるものであること、第三に、表2にあげた行為が繰り返し行なわれていることです。なお、広範または組織的な攻撃の一環としてなされたものは、一つの行為でも、人道に対する犯罪に該当し得ます。

戦争犯罪は、武力紛争の中で武力紛争に関連して犯される点がポイントです。人に対する行為としては殺人や拷問、性的暴力など、財産に対する行為としては略奪や破壊などが該当します。禁止されている戦闘の方法を利用することに該当する行為としては、民間人から生存に不可欠な物品をはく奪することによって飢餓の状態を故意に引き起こすことや、民間人や民用物を故意に攻撃することなどが該当します。禁止されている戦闘の手段を利用することとしては、生物兵器や化学兵器を使うことなどが該当します。

ジェノサイド犯罪と**人道に対する犯罪**が、**武力紛争の存在を前提としない**ことに注意してください。もともと戦争犯罪は、敵対する勢力の間で犯されるものと定義されていました。ところが、ナチスドイツは、自国民であるユダヤ人や障害者などの集団も体系的に破壊しようとしたのです。このような犯罪は戦争犯罪としては扱えなかったため、ニュルンベルク裁判で人道に対する犯罪が導入されました。さらに、ジェノサイド条約により、特定の集団の全部または一部を破壊する意図をもって犯される殺害などを扱うジェノサイド犯罪が定義されたのです。

Q9　パレスチナの人々はどのような立場にあるのですか？

歴史的な背景は第4章で扱いますので、ここでは、二〇二三年一〇月七日以降の事態を理解するために必要な点を簡単に説明します。

ガザそして東エルサレムを含む西岸は、一九六七年以来、イスラエルの占領下に置かれています。二〇二四年七月一九日に国際司法裁判所が出した勧告的意見はこの占領が不法であることを確認しています。占領のもとで、パレスチナ人の民族自決権(用語解説参照)が侵害されています。

このような状況ですが、現在、パレスチナに国家としての資格がないわけではありません。国家の要件として、永続的住民、明確な領域、実効性を有する政府、他国と関係を取り結ぶ力が求められます。パレスチナに国家としての資格がないという主張の多くは、実効性を有する政府がないことを指摘しますが、そうだとしても、それはイスラエルが占領を続けていることによるものです。新生国家がすべての要件を満たさないことはあり、そうした場合でも、多くの国が承認することで国家として成立し得ます。パレスチナは、国連加盟国の一四〇カ国以上から国家として承認されています。二〇一二年には国連総会決議により国連のオブザーバ国家(投票権はもたないが参加できる)となり、二〇二四年五月一〇日には、日本も賛成した「パレスチナの国連加盟を支持する決議案」が国連総会で採択されています。現在、パレスチナが国連の正式加盟国になっていないのは、安保理で米国が拒否権を発動しているためです。

Q10 イスラエルがパレスチナでやっていることはどのような犯罪ですか?

イスラエルの行為が、戦争犯罪、人道に対する犯罪、ジェノサイド犯罪に該当し得ることは第

1章で見ました。ここでは、特にジェノサイド犯罪を中心に検討することにします。現在の事態をジェノサイド犯罪と捉える視点、すなわちパレスチナ人という集団の全部または一部を破壊する意図をもってイスラエルがガザを攻撃しているという視点は、イスラエルによる一九四八年以来のパレスチナ人の追放、パレスチナの不法占領の継続、平和的解決の妨害といった歴史的背景を、現在の状況とつなげて考えるためにも、重要となります。

犯罪の成立要件

ジェノサイド犯罪の成立要件として、パレスチナ人が「国民的、民族的、人種的または宗教的な集団」を構成していることは明確です。

ジェノサイド犯罪で重要となる、意図性を同定する際の証拠としては、直接的なものと間接的なものがあります。直接的証拠は文書や発言などです。間接的な証拠は、一般的な状況、残虐行為の規模、特定集団の構成員であることを理由に体系的な攻撃の標的とすること、破壊や差別の繰り返しといったものです。追放や、宗教的・文化的な施設・物の破壊など、それ自体がジェノサイドに該当する行為でない場合でも、ジェノサイドの意図を示す間接的証拠となることがあります。間接的証拠は、ジェノサイドの意図性を考慮しないと説明できない場合にのみ有効です。

イスラエルの行為については、ジェノサイドの意図性を示す直接的証拠が多いことが大きな特徴です。表3に、イスラエル政府関係者らによる発言のいくつかをあげます。いずれも二〇二三年のものです。

表 3　ジェノサイドの意図性を示すイスラエル政府・軍関係者の発言の例

発言日（2023 年）	発言者	発言
10 月 7 日	ベンヤミン・ネタニヤフ首相	「敵がこれまで経験したことのない規模で報復をするよう……命じた．敵は前例のない代償を支払うことになるだろう」
10 月 9 日	ヨアヴ・ガラント国防相	イスラエルが「ガザを完全に包囲」しているので，「電気も食糧も水も燃料もなくなるだろう」，我々は「人間動物と戦っている」，「全行動制限を解除した」，「あらゆるものを排除する」
10 月 13 日	イツハク・ヘルツォグ大統領	「あの民族全体が有罪だ．民間人は知らなかったとか関与していないというレトリックは嘘だ．まったくでたらめだ」
10 月 13 日	イスラエル・カッツ エネルギー相	「ガザの民間人全員に即時撤退命令を出した．我々は勝つ．奴らは，世界からいなくなるまで，水一滴，電池一つすら受け取ることはない」
10 月 23 日	ベザレル・ヨエル・スモトリッチ財務相	「地上からお前たちを一掃する」
10 月 28 日	ベンヤミン・ネタニヤフ首相	「アマレクがしたことを忘れるなと聖書は言っている．我々は忘れていない」（「さあ，アマレクを攻撃し，すべてを根絶せよ．誰も見逃してはならない．男も女も，子どもも，乳飲み子も，牛も羊もラクダもロバも殺せ」という旧約聖書の一節で，皆殺しにせよ，という意味）
11 月 3 日	ベンヤミン・ネタニヤフ首相	「光の子と闇の子の戦いだ．光が闇を征服するまで使命を遂行する」
11 月 5 日	アミハイ・エリヤフ エルサレム問題・遺産相	「ガザへの原爆投下は選択肢にある」
11 月 13 日	イタマル・ベン-グヴィル国家安全保障相	「はっきりさせておこう．ハマスを排除する必要がある，と言うときに，歌を歌い，支援をし，キャンディを配る者たち，それら全員がテロリストだということだ」
11 月 17 日	現場のイスラエル軍兵士（踊りながら）	「奴らの村が燃えるよう，ガザが消し去られるよう」
12 月 19 日	イスラエル軍大隊司令官	「我々はベイト＝ハヌーンで，シメオンとレビがナブルスでしたことをしている」，「ガザ全土で同じことをしなくてはならない」（シメオンとレビは妹を汚した人物の町を襲撃し男性を皆殺しにし，すべてを略奪した．旧約聖書の一節）
12 月 24 日	ベンヤミン・ネタニヤフ首相（クリスマス・メッセージ）	「我々は怪物と戦っている．親の前で子どもたちを殺した怪物と．これはイスラエルと蛮人の戦いではない．文明の蛮人に対する戦いなのだ」

戦争犯罪と人道に対する犯罪の成立要件も確認しておきましょう。戦争犯罪の要件である武力紛争の存在および武力紛争との関係ははっきりしています。ただし、国際的紛争と見るか非国際的紛争と見るかについては議論の余地があります。人道に対する犯罪の成立要件である、「文民たる住民に対する広範または組織的な攻撃」の存在も、民間人の追放や殺害の規模や広がり、行為の体系性や持続性、行為が繰り返されていることから、明らかです。

ジェノサイド犯罪に該当する行為

ここでは、表2であげたジェノサイド犯罪に該当する行為のうち、最初の三つのカテゴリーを順に見ていきます。

まず「**当該集団の構成員を殺害すること**」です。第1章で見た、ジャバリヤ難民キャンプ爆撃と民間人の殺害、病院の患者や避難民を殺害する行為、教会に避難していた女性を殺害する行為、また、歴史上例を見ないペースでのジャーナリストの殺害は、これに該当します。飢餓により死者をだすこともこれに該当します。

イスラエルは、子どもを意図的に殺しているという情報もあります。二〇二四年七月二四日、ガザで医療活動に従事した米国の医師と看護師四五名がバイデン米大統領らに書簡を送りました。その中で「この書簡に署名した全員が、ガザで、意図的に標的としたに違いない暴力の犠牲となった子どもたちを治療しました。特に、全員が、毎日のように、頭を撃たれた一〇歳前後の子どもたちの治療をしていたのです」と述べています。

二〇二三年一〇月七日から二〇二四年九月一五日までにガザで殺されたパレスチナ人は少なくとも四万一二〇六人、そのうち一万七〇〇〇人近くが子どもです。負傷者は九万五三三七人、行方不明者は一万人以上です。人口約二〇〇万人のガザでこれだけの人々が犠牲になっているという事実は、ジェノサイドの意図性を間接的に示す一つの要素です。

民間人の犠牲は、人道に対する犯罪の、殺人、さらには絶滅させる行為に該当し得ます。戦争犯罪にも該当し得ます。

次に「**当該集団の構成員の身体または精神に重大な害を与えること**」を考えましょう。国際刑事裁判所(ICC)における「犯罪の構成要件に関する文書」では、これには、拷問、強かん、性的暴力、非人間的または品位を傷つける扱いが含まれる、ただしこれらに限るものではない、としています。殺人に至る手前の多種多様な行為が該当します。ルワンダ国際刑事裁判所(ICTR)と旧ユーゴスラビア国際刑事裁判所(ICTY)がジェノサイド犯罪での有罪判決を下した際には、「身体に重大な害」について「その人が通常の建設的人生を送る能力に重大かつ長期的な不利益を伴う害」としています。この不利益は、永続的で回復不可能なものに限りません。精神への重大な害についてもこれに準じます。

二〇二四年九月半ばまでの負傷者数は九万五〇〇〇人を超えています。被占領下パレスチナの人権状況に関する国連特別報告者フランチェスカ・アルバネーゼ氏は、「四肢の切断など、その後の生活が変わってしまうような負傷も多い」と述べています。第1章で拷問や性的暴力を扱いましたが、イスラエルの人権団体ベツェレムも二〇二四年八月上旬に出した報告書(ガザだけでなく西岸も扱っています）で、イスラエルの収容所における広範で組織的な拷問や性的暴力を報告しています。これらは、このカテゴリーのジェノサイド犯罪に該当する可能性があります。

精神的な側面については、二〇二四年三月二三日、国境なき医師団が国連安保理で行なった報告に次のような部分があります。

「死を免れた子どもたちは目に見える怪我を負っているだけではなく目に見えないトラウマも負っている。住んでいるところを繰り返し追われ、ずっと恐怖をいだき、家族が文字通り眼の前で殺されるといった経験から。こうした心理的傷のために、わずか五歳の子どもが、死んだほうがまだましと私たちに言った。」

子どもたちに心理的傷を負わせた行為も、このカテゴリーのジェノサイド犯罪に該当する可能性があります。

第1章でも述べたように、拷問や性的暴力は、人道に対する犯罪そして戦争犯罪にも該当します。

最後に「**当該集団の全部または一部に対し、身体的破壊をもたらすことを意図した生活条件を故意に課すこと**」を検討します。ICTRは、このカテゴリーは「加害者が集団の構成員を即座に殺害するのではなく、最終的に、集団構成員の身体的破壊を求めるような破壊の方法」を扱っていると解釈すべきだとしています。そのような方法として、「人々に最低限の食事しか与えないこと、住んでいる所から組織的に追放すること、基本医療サービスの提供を必要最小限以下の水準に引き下げること」などをあげています（アカイェス事件判決）。また、ICTRは、「適切な住居、衣料、衛生、医療の欠如、過剰労働や身体的労苦など、緩慢な死をもたらす環境」はこのカテゴリーのジェノサイド犯罪に該当すると述べています（カイシェマとルジンダナのケース）。身体的破壊そのものではなく、それを意図した生活条件を課すこと自体が、このカテゴリーのジェノサイド犯罪を構成することに注意してください。

第1章で見たガザの飢餓は、イスラエルが物資搬入を妨害していることによるものです。二〇二四年七月九日には、複数の国連専門家が、ガザで飢饉（壊滅的飢餓）が広まっていると指摘し、子どもたちが栄養失調や脱水で命を失っているのは、保健医療基盤と社会基盤が攻撃されてきたことを示していると述べています。これらは、「当該集団の全部または一部に対し、身体的破壊をもたらすことを意図した生活条件を故意に課す」犯罪そのものであると言えます。

二〇二三年一一月八日の段階で、住居の権利に関する国連特別報告者バラクリシュナン・ラジャゴパル氏が「ドミサイド」すなわち住宅の破壊を国際犯罪と指摘しています。第1章で農地の体系的破壊を見ました。これらも、このカテゴリーのジェノサイド犯罪と判断できる可能性があります。

追放はそれ自体、人道に対する犯罪ですし、また戦争犯罪でもあります。また、ここに見られる民用施設の破壊は戦争犯罪を構成し得ます。

Q11 国際法とその制度は、二〇二三年一〇月七日からのイスラエルの行為にどのように対応していますか？

国際司法裁判所と国際刑事裁判所、そして国連安保理の動きを整理しましょう。

国際司法裁判所の対応

二〇二三年一二月二九日、南アフリカは、イスラエルがジェノサイド条約に違反しているかどうかをめぐり、イスラエルを国際司法裁判所（ＩＣＪ）に提訴しました。二〇二四年一月二六日、ＩＣＪはこれを受け、イスラエルに暫定措置命令を出しました。この命令は、国際人権ＮＧＯヒューマンライツ・ナウが述べているように、次の点で極めて重要です。第一に、パレスチナの人々がジェノサイド条約上の保護対象であることが公式に認められたこと、第二に、現在ガザで進んでいる事態が取り返しのつかないことになる危険と緊急性を要するものであることが認められたこと、第三に、そのうえで、ジェノサイドに該当する諸行為に対する防止措置をイスラエルに命じたことです。特に、ジェノサイドに該当する行為のうち最初の三つのカテゴリー（表2参照）を明示し、イスラエル政府にその防止、軍がそうした行為を行なわないよう措置をとること、ジェノサイド扇動を防止し処罰することを命じました。さらに、緊急に必要となる基本的サービスおよび人道支援を供給することを可能とする措置をとることも命じています。

イスラエルはこの暫定措置命令を完全に無視しました。虐殺と破壊はそれ以前と同様に続けられ、人道支援物資の搬入への妨害は暫定措置命令後にさらに強まりさえしています。この命令の直後に、イスラエルは国連パレスチナ難民救済事業機関（ＵＮＲＷＡ）の職員がハマスの攻撃に参加していたと主張し、それを真に受けた日本を含む主要ＵＮＲＷＡ支援国は拠出金を一時停止しました。イスラエルはその後、証拠を示すことはできなかったのですが。さらに国際ＮＧＯのオックスファム・インターナショナルは、二〇二四年一月と比べて二月にイスラエルがガザへの搬入を認めたトラックは四四パーセント少ないと報じています。

こうした状況に対し、ＩＣＪは二〇二四年三月二八日と五月二四日に、追加の暫定措置命令を出していますが、イスラエルはこれも無視し、ガザでの攻撃を続けています。

国際刑事裁判所の対応

二〇二四年五月二〇日、国際刑事裁判所（ＩＣＣ）のカリム・カーン主任検察官は、イスラエルのベンヤミン・ネタニヤフ首相とヨアヴ・ガラント国防相、そしてハマスのガザ地区指導者ヤヒヤ・シンワル氏（二〇二四年一〇月一六日に殺害された）、軍事部門ムハンマド・デイフ氏、最高指導者イスマイル・ハニヤ氏（二〇二四年七月三一日に殺害された）に対する逮捕状をＩＣＣ予審裁判部に請求したと発表しました。逮捕状はＩＣＣ予審裁判部が承認すると発行されます。本書執筆時点では、まだ逮捕状は発行されていません。

ネタニヤフ首相とガラント国防相に対する罪状は、戦争犯罪として、「戦闘の方法として、文民からその生存に不可欠な物品をはく奪することによって生ずる飢餓の状態を故意に利用すること」、「身体又は健康に対して故意に重い苦痛を与え、又は重大な傷害を加えること」、「虐待」、「殺人」、「文民たる住民それ自体を故意に攻撃すること」、人道に対する犯罪として、「絶滅させる行為」、「殺人」、「迫害」、「その他の非人道的な行為」、となっています。ジェノサイド犯罪は扱われていませんが、今後、ジェノサイド犯罪での逮捕状が請求される可能性もあります。

これまで見てきたように、イスラエルがガザでやってきたことは、国際法を基準にして見ると、ジェノサイド犯罪、人道に対する犯罪、戦争犯罪のすべてに該当し得ます。逮捕状請求の内容は確実に犯罪と言えるもののみを扱っていて、極めて手堅いものと言えます。

イスラエルと米国は、これに対して、激烈に反応します。ネタニヤフ首相は「歴史的な道徳上の暴挙だ」と述べ、また米国のアントニー・ブリンケン国務長官はICCへの制裁を示唆しました。バイデン米大統領もこれを「とんでもないこと」と述べています。米国連邦議会下院は二〇二四年六月四日、ICC関係者への制裁を可能にする法案を可決しました。こうした反応は、国際法を政治的に捻じ曲げようとするものです。

ICCの主任検察官が予審裁判部に逮捕状請求を提出したと公表すること自体、異例のことです。カーン主任検察官は、記者会見で、「とある高官に、ICCが作られたのはアフリカや、プーチンのようなならず者を扱うためだ」(からイスラエルを対象としてはいけない)と脅迫を受けたと語っています。

実は、ICCがパレスチナ事態に対する捜査を開始したのは二〇一五年のことで、イスラエルと米国は、ICCによる捜査に反対し、妨害してきました。二〇二四年五月には、イスラエル対外特務機関モサドが二〇一五年からICCへの介入工作を行ない、当時のベンソーダ主任検察官に盗聴を仕掛けたり脅迫をしたりし、またカーン現主任検察官にも盗聴を仕掛けたことが明らかになっています。一方、パレスチナは、ハマスを含め、ICCの捜査を歓迎しています(ただし

ＩＣＣのハマスに関する逮捕状請求に関してハマスは批判声明を出しています）。

国連安全保障理事会の対応

ガザでの停戦は国連安保理で繰り返し議題にあがってきました。二〇二三年一二月八日に採決が行なわれた人道的観点からの即時停戦決議は、米国が拒否権を発動したことで否決されました。その後、米国の拒否権発動を回避するために内容が薄められた「持続可能な敵対行為の停止を可能にする条件を作り出す」決議が一二月二二日に採択されますが、イスラエルによる攻撃は続きました。二〇二四年三月二五日、安保理はラマダン（断食月）期間中の即時停戦、すべての人質の即時・無条件の解放を含む決議二七二八号を採択しますが、イスラエルは攻撃を続けました。さらに六月一〇日には、米国が提案した三段階の停戦協定案が採択されましたが、本書執筆中の二〇二四年九月の段階で、イスラエルによるガザ攻撃は止まっていません。

3　この考え・発言は法的におかしくない？

この章では、政治家の発言や出来事のニュース報道について、事態の理解に誤解を生みそうなものをいくつか取り上げ、国際法を基準として、解説を加えます。国際法は、出来事を測る物差しのような役割を果たします。法を基準とすることで、「当たり前」のように描き出されていることのおかしさも見えてきます。

Q12 封鎖は占領ではない？

一〇月七日以前、イスラエルはガザを封鎖しながら、イスラエル軍がガザから撤退していたのでガザはイスラエルの占領下にはなかったと主張しています。封鎖は占領ではないというイスラエルの主張は、国際法の観点からはどう考えればよいでしょうか？

国際人道法のもとで、特定の領域が占領されているかどうかは、他国の実効的支配下に置かれているかどうかが基準となります。二〇〇五年にイスラエルの占領軍と入植者はガザから撤退しますが、その後、イスラエルはガザを全面封鎖し、人々の出入りや物資の搬入出をすべてイスラエルが統制しています。ガザ南端のラファハ検問所はエジプトとの国境ですが、ここからの出入りや物資搬入出もイスラエルの承認が必要ですから、実質的にはここもイスラエルに統制されています。こうしたことから、ガザはイスラエルの実効的支配下に置かれていると判断できます。国連は現在も、ガザを含め一九六七年以降イスラエルが占領したパレスチナの地域を「イスラエルに占領されたパレスチナ領」（Occupied Palestinian Territory）と呼んでいます。イスラエルによるガザの封鎖は占領の一つの形態なのです。

ガザを占領していないというのは、国際人道法の適用を避けるためのプロパガンダと考えられます。

現在、イスラエルは、ガザへの食糧や医薬品搬入を妨害しており、国際人道法のもとでの、占領の中で民間人を保護する義務に違反しています。占領国は、占領地域の住民の食糧や医薬品を確保しなくてはならず（ジュネーブ第四条約第五五条）、また、病院や公衆衛生を確保し維持する義務も負います（ジュネーブ第四条約第五六条）。封鎖は占領ではないというイスラエルの主張は、こうした行為についても適切な認識をしにくくしているかもしれません。

Q13 イスラエルの行為は自衛権として正当化できる？

二〇二三年一〇月二二日、日本以外のG7（カナダ、フランス、ドイツ、イタリア、英国、米国）がイスラエルの自衛権を支持する声明を出しました。また、二〇二四年六月一四日のG7サミットの最終コミュニケでは、「イスラエルは、自衛の権利を行使する際に、国際人道法をはじめとす

る国際法に従って行動しなくてはならない」と述べています。イスラエルの行為は自衛権で正当化できるのでしょうか？

国家間の武力行使は国連憲章第二条の四で原則として禁じられています。国連安保理の承認がある場合には武力の行使は認められますが、そのほかに、例外として、国連憲章第五一条を根拠として、自衛の範囲での武力行使は認められます。ただし自衛の範囲として認められるのは、武力攻撃が発生し、それを排除する範囲に限ります。

二〇二三年一〇月七日以降、イスラエルがやっている行為が自衛の範囲かどうかについては、明確です。イスラエルに自衛権があるとしても、武力行使は必要な範囲に限るという必要性の原則と、目的に対して過度であってはならないという均衡性の原則に従わなくてはなりません。イスラエルの武力行使は、この点から見て正当化することはできません。イスラエルは二〇二三年一〇月七日以前にも「芝刈り」と称して繰り返しガザを攻撃していましたが、これらも同様に自衛権で正当化できるものではありません。

もう一つ、そもそも自らが占領している地域からの攻撃に対して自衛権を発動することができるかという、原理的な問題があります。これについては、二〇〇四年の国際司法裁判所（ＩＣＪ）の決定が参考になります。ＩＣＪは、被占領下パレスチナからの攻撃に対しては、イスラエルが占領地を実効的にコントロールしていることを理由の一つとして、第五一条にもとづく自衛権に依拠することはできない、と述べています。

なお、一九六七年にイスラエルがガザと西岸を占領したのは武力行使の帰結です。現在までそれを継続している状態は、武力攻撃を排除する範囲を超えており、不法なのです。一九六七年の国連安保理決議二四二号も、武力による領土取得の禁止に言及し、イスラエルの占領地からの撤退を求めています。二〇二四年七月一九日には、ＩＣＪが、勧告的意見の中で占領の不法性を確認しました。この不法な占領を問題視せずにイスラエルの自衛権に言及するのは、極めて偏向した態度と言えるでしょう。

Q14 ハマスがいるから仕方ない？

「ガザ民間人犠牲、ハマス壊滅作戦の代償＝イスラエル軍当局者」（ロイター通信 二〇二三年一二月二〇日）といった報道があります。民間人の犠牲はハマスがいるから仕方ないのでしょうか？

法的には明確です。イスラエルがガザでやっていることが、ジェノサイド犯罪、人道に対する犯罪、戦争犯罪に該当し得ることは、第2章で見た通りです。一方、一〇月七日のハマスの攻撃も戦争犯罪と人道に対する犯罪に該当する可能性があります。実際、国際刑事裁判所（ＩＣＣ）主任検察官は戦争犯罪と人道に対する犯罪でハマス指導者にも逮捕状を請求しています。基本的に、国際法に照らして犯罪を同定し、適切に処罰すればよいのです。ところで、ＩＣＣの捜査に対して脅迫を含めた妨害を行ない、国際法にのっとった公平な手続きを阻害してきたのはイスラエルや米国なのです。バイデン米大統領は、ＩＣＣ主任検察官がハマス指導者とイスラエル首相・国防相への逮捕状を請求したことに対し、ハマスのような「テロ組織」とイスラエルを同等であるかのように扱っていると非難していますが、ハマスを「テロ組織」と呼んでも法的に見た犯罪の性格が変わることはありませんから、このように言うこと自体、法の適切な適用を阻害する効果をもちます。

民間人の犠牲を「ハマスが人間の盾を使っている」として正当化する試みも見られますが、たとえハマスが人間の盾を使っているとしても、民間人と民用施設の被害を最小化しなくてはならないという国際人道法の原則に照らして考えると、イスラエルの行為は正当化されるものではありません。

また、「ハマスがいるから仕方ない」という主張は、イスラエルが武力を行使することは当然とみなすことを前提としています。これは、二〇二三年一〇月七日に突然ハマスがイスラエルに不当な攻撃を何の理由もなく仕掛けてきたという、パレスチナの状況を非歴史的に切り取って矮小化する見方と親和性が高いものです。第4章で見ますが、実際には、イスラエル建国は暴力によるパレスチナ住民の追放を伴い、その際に虐殺があり、さらに数度の戦争を経て、イスラエルの占領下に置かれてきた状況があります。占領下では、不法な拘禁や差別、嫌がらせ、拷問などが、イスラエル当局や入植者によって続けられてきました。国連のグテーレス事務総長は二〇二三年一〇月二四日、国連安保理の場で、ハマスの攻撃は空白の中で突然起きたのではないと述べています。不正義の解消なしに平和は実現しません。圧倒的な不正義の犠牲になってきたパレスチナ人の歴史的な状況を脇に置いて「ハマスが」と言うことは、現在イスラエルが行なっている犯罪を容認する言い訳になるとともに、根本的に問題を解決するために必要な歴史的経緯を見えなくさせてしまうものです。

さらに、イスラエルは、反対する者を誰でも「ハマス」と呼んでいます。イスラエル国連大使ギラド・エルダン（当時）は、二〇二四年五月一日、国連総会の場で、米国などの大学でパレスチナ連帯キャンプができていることをさして、「我々は、ハマスが学園内に隠れていることをずっと前から知っていた。ガザにいるハマスだけでなく、ハーバード大学、コロンビア大学ほか、多くのエリート大学にハマスがいることがわかった」と言っています。

このような状況で、「ハマスがいるから仕方ない」と言うことは、国際法を無視するイスラエルの行為を擁護し、戦争の悲惨を経て発展してきた国際法という人類共有の資産をないがしろにすることです。

Q15 攻撃前にビラをまいて退去を求めることが人道的対応？

イスラエル軍、ガザ市の全住民に退去を促す

ガザ市：ＡＦＰ記者によると、イスラエル軍は二日、パレスチナ自治区の主要都市に対する軍事攻撃が激化する中、全住民に退去を促すビラ一〇〇〇枚をガザ市に投下した。［中略］ビラ投下で軍は、住民は「ガザ市からデイル・アル・バラとアル・ザウィヤの避難所まで、迅速かつ検問なしで」二つの安全な道路を利用できるとしている。（アラブ・ニュース・ジャパン 二〇二四年七月一〇日）

戦闘の前に住民を退去させることは法的に適切な措置なのでしょうか？

第1章でも述べたように、国際人道法では、民間人を追放することを禁止しています。例外として、住民の安全や軍事上の理由で必要な場合には立ち退きを認めていますが、その場合、適当な施設を設けること、立ち退きが衛生、保健、安全や給食について満足すべき条件で行なわれること、家族がばらばらにならないこと、移送を必要とした状況が終了したら住民をすみやかに送還することといった要件を満たさなくてはなりません。

これに当てはめて考えると、第1章で見た、二〇二三年一〇月一三日にイスラエルが出した退去命令や、このニュースにあるような退去命令は、この例外には該当しません。

人道に対する犯罪には「住民の追放または強制移送」が犯罪行為として明示されています（二六頁の表2参照）。イスラエルは、まず北部から南部へ住民を追放し、さらに安全地帯としているラファハを攻撃して、避難していた人たちをさらに追放しています。二〇二四年一月の時点で、国連パレスチナ難民救済事業機関（ＵＮＲＷＡ）は、一〇月七日以来、ガザで追放された人々は一九〇万人にのぼり、複数回にわたり追放された人々もいると述べています。

ＵＮＲＷＡは、また、追放されても安全な場所はどこにもないこと、インフラが破壊された場所への避難を余儀なくされていることを繰り返し報じています。さらにイスラエルは「安全地帯」と指定して住民を移動させたところにも爆撃を加えています。こうしたことを考えると、「住民への退去命令」は、ジェノサイド犯罪の、「当該集団の全部または一部に対し、身体的破壊をもたらすことを意図した生活条件を故意に課すこと」にも該当し得ます。

ニュースの見出しでは「イスラエル軍、ガザ市の全住民に退去を促す」と書かれていますが、イスラエル軍には「ガザ市の全住民に退去を促す」権限などどこにもありません。これ自体が犯罪なのです。こうした行為を人道的対応であるかのように言うことが、国際人道法の悪用であることは、被占領下パレスチナの人権状況に関する国連特別報告者フランチェスカ・アルバネーゼ氏もはっきり述べています。

Q16 国連安保理の停戦決議には法的拘束力がない?

二〇二四年三月二五日、国連安保理が採択したラマダン期間中の停戦を求める決議について、米国国務省のマシュー・ミラー報道官は記者会見で「拘束力がない」と述べました。本当でしょうか?

国連憲章第二五条は、加盟国は安保理の決定に従わなくてはならないとしています。ところで、いわゆる安保理決議には、「決定」(decisions)と「勧告」(recommendations)があり、法的拘束力を持つのは「決定」としての決議です。

マシュー・ミラー報道官のほかに、韓国代表も、国連憲章第七章を参照していないこと、″decides″という言葉を使っていないことから、これは「決定」ではなく、道徳的拘束力はあるけれども法的拘束力はないと主張しています。

これは法的には誤りで、三月二五日の停戦決議は法的拘束力を持ちます。安保理の決議が「決定」とされるかどうかは、一九七一年に国際司法裁判所（ＩＣＪ）が出したナミビアに関する勧告的意見が基準となっており、そこでは、言葉遣い、決議に至る安保理での議論、決議にあたって参照される国連憲章の条文、そして、決議に関係する状況、という四つの点から判断されるとされています。これによれば、国連憲章第七章「平和に対する脅威、平和の破壊及び侵略行為に関する行動」を参照したかどうかは関係なく、また、決議そのものに〝decides〟という言葉が使われているかどうかも関係ありません。ＩＣＪが勧告的意見を出したナミビアのケースでは〝calls upon〟と〝declares〟が使われ、〝decides〟は使われていませんが、法的拘束力を有するとされました。三月二五日の安保理停戦決議は、〝demands〟という、〝calls upon〟より強い言葉が使われており、決議に至る過程と決議後の議論からも、法的拘束力を持つことは明白です。

イスラエルは停戦決議を遵守しませんでしたが、これは決議に拘束力がないからではなく、決議に反しており、決議に拘束力がないと主張した米国は、それを擁護していることになります。こうした状況を放置すると、法そのものが破壊されてしまう恐れがあるという点で、これは深刻な事態です。

Q17　国連総会決議に意味はない？

国連総会では、二〇二三年一〇月以来、ガザでの即時停戦を求める決議が数度にわたって採択されてきました。また、二〇二四年五月一〇日には、ガザの危機に関する緊急特別会合で、パレスチナの国連加盟を支持する決議案を採択しました。これには、一七七カ国中日本を含め一四三カ国が賛成しました。反対したのはイスラエルや米国など九カ国だけ、ドイツや英国、カナダなど二五カ国は棄権しました。二〇二四年九月一八日には、すみやかに不法占領を終わらせるよう求める決議が採択されています。こうした国連総会の決議には法的拘束力はないのでしょうか？

第2章で述べたように、一般論としては、国連総会決議には安保理決議のような法的拘束力はありませんが、国際社会が受け入れて実現をめざしている基準を示しています。法的拘束力がないとはいえ、日本を含めた多くの国が繰り返し停戦を決議しているのですから、イスラエルへの制裁を含めたより強い対応をそれぞれの政府に求めていく根拠として重要な意味をもちます。パレスチナの国連加盟についても、同様です。

Q18 イスラエルがやっていることに反対するのは反ユダヤ主義？

イスラエルによるガザでの虐殺に抗議して、米国の大学でパレスチナ連帯キャンプが設営される中、バイデン米大統領は二〇二四年四月二二日、「反ユダヤ主義の抗議」と「パレスチナ人に何が起きているかを理解しない人々」を非難すると発言しました。

反イスラエルの立場は反ユダヤ主義なのでしょうか？

そもそも特定の人や集団を対象とした「反……」「親……」といった表現は、法とは相性が悪いのです。法はいわば物差しで、事態を客観的に把握するために共有された基準なのです。第1

章と第2章で、イスラエルが被占領下パレスチナ、特にガザでやっていることが、ジェノサイド犯罪、人道に対する犯罪、戦争犯罪に該当し得ることを見ましたが、これは、反イスラエルか親イスラエルかとは無関係に、国際法を基準として現在の事態を見るならばそうである、ということです。ハマスの一〇月七日の行為が戦争犯罪と人道に対する犯罪に該当し得ることも、占領下で虐げられた民族が抵抗する権利をふまえても、やはりそうなのです。

ですから、イスラエルがやっていることをジェノサイド犯罪、人道に対する犯罪、戦争犯罪として批判し、国際刑事裁判所（ＩＣＣ）での捜査と訴追を求めることは、反イスラエルでも親イスラエルでもなく、さらに、反ユダヤ主義とはまったく関係がありません。これらの犯罪に該当しないと主張したければ、法に照らしてそのような主張をすればよいのです。イスラエルや米国は、現実を前にそれができないから、ＩＣＣを妨害しているのではないでしょうか。イスラエルの犯罪について検討しているときに反ユダヤ主義を持ち出すのも、法的には擁護のしようがないからでしょう。

これが原則ですが、現実には、どんなかたちであれイスラエルを批判することを反ユダヤ主義として非難する動きはとても深刻です。二〇二四年五月一日、米国議会下院は、米国教育省における反ユダヤ主義の定義を拡大し、イスラエルを標的とする批判を反ユダヤ主義に含める法案を可決しました。ドイツでも、ジェノサイドに反対する人々が反ユダヤ主義であるかのような扱いを受けています。

これはとても危惧すべき事態です。第一に、イスラエルの行為に対する妥当な批判を反ユダヤ主義として非難することが公に認められることになります。日本で言うと、第二次世界大戦中に植民地主義的拡張という国の政策に反対した人たちを「非国民」と呼んで非難した状況に近いものではないでしょうか。第二に、イスラエル政府や実際に犯罪を行なっている人たちと、ユダヤ人一般を同一視することを促し、ユダヤ人という括りで雑な判断をする風潮を促す恐れがあることです。イスラエルによるガザ攻撃に対して米国で先頭に立って反対の声をあげてきた団体の中には、「平和を求めるユダヤ人の声」や「今でなければいつ」といったユダヤ人の団体があるのです。

問題は、不正義と犯罪です。加害者は犯罪を行なっているがゆえに処罰されるのであって、その属性は関係ありません。法は、「反……」とか「親……」といった人間のグループ分けや敵味方の分断の外に置かれた尺度として、事態を評価するためにあります。法に従ってイスラエル政府がやっていることを犯罪と同定したときに、それが「反ユダヤ主義」とされるような風潮が社会に広まるならば、法の適用が人間の対立で置き換わってしまい、普遍的に共有されることをめざす法の理念が解体されることになります。

4　歴史的な背景を国際法から見る

パレスチナは第一次世界大戦までオスマン帝国領でした。植民地支配下に置いていたインドへの経路を確保するためパレスチナの地に関心をもっていた英国は、第一次世界大戦下の一九一七年、パレスチナの支配を確立し、ドイツ・オーストリアを中心とする同盟国側に立ったオスマン帝国との戦闘を有利に進め、またユダヤ人難民問題に対処するために、シオニスト（用語解説参照）にパレスチナでのユダヤ人国家設立を約束します（バルフォア宣言）。一方で英国は、一九一五年、アラブ人に戦後の独立を約束していました（フセイン＝マクマホン協定）。

第一次世界大戦後、一九二二年からパレスチナは英国の委任統治領とされ、ユダヤ系の入植者が増えるとともにユダヤ系とアラブ系の人々の対立が顕在化しました。第二次世界大戦下でナチスドイツが欧州のユダヤ人を大量虐殺したこと（ホロコースト）もあり、パレスチナにユダヤ人国家を創る案が米ソを含む「有力諸国」に支持されるようになります。こうした中、英国は委任統治の責任を放棄し、問題の解決を第二次世界大戦後にできた国連に丸投げします。

一九四七年一一月二九日、国連総会で、パレスチナ人とユダヤ人の間でパレスチナを分割する決議一八一号が採択されました。この決議は、人口の三分の一しか占めておらず、土地の約六パーセントしか有していなかったユダヤ人に、歴史的パレスチナの領土の約五七パーセントを与えるという、不公平なものでした。武力衝突が激しくなる中、シオニストの武装組織は、この決議案で国際管理地区とアラブ国家地区とされた地区を攻撃し、住民を追放します。イスラエルが建国を宣言したのは、英国によるパレスチナ委任統治が終了した直後の一九四八年五月ですが、その際、シオニストの武装勢力はパレスチナ人を大規模に追放し、また虐殺しました。

その後、何度かの戦争を経て、イスラエルはガザ、東エルサレム、西岸を占領し、現在に至るまで占領を続けています。ここでは、第二次世界大戦後のパレスチナにおける歴史の中で特に重要な出来事を取り上げ、法的な観点から解説します。

Q19 イスラエル建国前の暴力にはどんな法が適用されますか?

一九四八年、イスラエル建国に際して、ユダヤ人武装組織による住民の虐殺が多数犯されたことが明らかになっています。四月九日のデイル・ヤーシンの虐殺はよく知られています。これらの虐殺は国際法上どのような犯罪でしょうか?

デイル・ヤーシンの虐殺が犯された当時、すでにハーグ陸戦条約の附属規則第四六条のもとで民間人の殺害や強かんは禁じられており、また、これらの行為が個人の刑事責任を伴う戦争犯罪とみなされるようになっていました。ただし、デイル・ヤーシンの虐殺の際のパレスチナにおける武力紛争は、国と国との間の国際的武力紛争には該当せず、ハーグ陸戦条約の附属規則を含む当時の国際人道法は国際的武力紛争しか扱っていないため、直接この虐殺に適用されるものではありません。

けれども、デイル・ヤーシンの虐殺の翌年に採択され、非国際的な武力紛争に適用して民間人の殺害や尊厳を侵害する行為を禁止するジュネーブ第四条約の第三条が示すように、武力紛争の種類を問わず、こうした行為が許されるものでないことは当時の国際社会で共通の認識として確立していました。

Q20 イスラエル建国時に追放された住民の帰還権は法的にはどう考えられますか？

イスラエル建国直後の第一次中東戦争で、七五万人以上のパレスチナ人が家を追われ、難民となりました。これはナクバ（大災厄）と呼ばれ、パレスチナでは五月一五日がナクバの日となっています。現在に至るまで難民の帰還は実現していませんが、法的に、帰還権はどのような位置づけにありますか？

国連総会は一九四八年一二月にこれらパレスチナ難民の迅速な帰還を求める決議一九四号を採択しています。帰還権には、この決議に加えて、世界人権宣言と国際人権規約が関連します。一九四八年に国連総会で採択された世界人権宣言の第一三条は「すべて人は、自国その他いずれの国をも立ち去り、及び自国に帰る権利を有する」としており、一九六六年の自由権規約では「何人も、自国に戻る権利を恣意的に奪われない」とあります。帰還の権利は国際人権法のもとで保障されているのです。

帰還する先の国がパレスチナにはそもそもなかったではないかという主張、またイスラエルが言うように、追放されたパレスチナ人はイスラエル国籍ではないという主張は、妥当ではありません。国際法のもとでは、そこにできた主権国家に、自動的に国籍をもつことになるとされているからです。ただしそれを個々人が拒否することはできます。

法的には帰還の権利は保障されているのです。現実に帰還が実現されていないのは、国際社会が不正義の状態を容認したり、場合によっては積極的に支持してきたためです。

Q21

一九六七年以来の占領は法的にどう位置づけられますか？

占領は武力行使を伴います。一九六七年の第三次中東戦争の結果、イスラエルはガザ、西岸、東エルサレムを占領し、現在まで占領が続いています。これはどのような国際法に違反しているのでしょうか？

イスラエルの武力行使は、国連憲章第二条四の武力行使の禁止に抵触しています。国家間の武力行使には国連安保理の承認が必要となります。例外として、自衛の範囲での武力行使は認められますが、その際に認められる武力行使は、自分が受けた武力攻撃を排除する範囲に限られます。イスラエルによるパレスチナの占領はその範囲を超えており、不法です。

第三次中東戦争を受けて一九六七年一一月二二日に採択された安保理決議二四二号は、武力による領土の取得は承認できないことを前文で述べたうえで、イスラエル軍の占領地からの撤退を求めています。これに反して、イスラエルは、一九八〇年に被占領下の東エルサレムを含むエルサレムをイスラエルの首都とする法律を採択し、また、被占領下パレスチナ領への入植を進めてきました。これは、ジュネーブ第四条約が規定している、占領者は自国の住民を占領地に移送してはいけないし被占領下の住民を追放してはいけないという条項（第四九条）に反します。

占領地域に入植を進めることについて、二〇二一年七月九日、当時の被占領下パレスチナの人権状況に関する国連特別報告者マイケル・リンク氏は、イスラエル人の入植が国際刑事裁判所（ICC）ローマ規程における戦争犯罪の定義を満たすと述べています。それにもかかわらず、二〇二四年六月二七日、イスラエル政府は、財務大臣ベザレル・スモトリッチが提案した、西岸への入植地五カ所を合法化する提案を閣議決定しています。

占領は、また、パレスチナ人の自決権を侵害するものです（用語解説参照）。したがって、不法な武力行使と自決権の侵害という違反行為をイスラエルは犯していることになります。なお、武力行使の禁止も自決権も、国際法上、いわゆる強行規範（ユス・コーゲンス）、すなわち、いかなる例外もなく誰もが必ず従わなくてはいけない規範とされているものです。

二〇二四年七月一九日に国際司法裁判所が出した勧告的意見では、一九六七年以降のイスラエルによるパレスチナ占領について、占領の継続は不法である、イスラエルは占領を可能な限りすみやかに終わらせなくてはならない、イスラエルはパレスチナ領への新規入植活動を直ちにやめ、パレスチナ領から全入植者を撤退させなくてはならない、イスラエルはパレスチナ領で自然人・法人に与えた損害を賠償する義務を負う、としています。また、他の国々と国際機関に対しては、すべての国はこの不法状態を認めずまた手を貸さない義務を負う、国連をはじめとする国際機関はこの不法占領を認めない義務を負う、国連、特に総会と安保理はこの不法占領を終わらせるための方策をできる限りすみやかに検討しなくてはならない、としています。これを受けて国連総会は二〇二四年九月一八日、イスラエルに占領の終結を求める決議を採択しています。

Q22 パレスチナの領土はどこからどこまででしょうか?

「被占領下パレスチナ」という言葉が使われます。そもそもどの範囲が国際的に合意されたパレスチナの領土なのでしょうか?

そもそも一九四七年の国連総会決議一八一号における分割案が、当時の人口の三分の一に過ぎなかったユダヤ人に約五七パーセントの土地を与えるという、不公平な案でした。

その後、第一次中東戦争の休戦協定が一九四九年に発効し、この際に、休戦ライン、いわゆる「グリーンライン」が定められます。このグリーンラインが、現在、国際的に受け入れられている境界とされています。一九六七年の安保理決議二四二号でも、イスラエル軍に対し、このグリーンラインまでの撤退を求めています。これを越えたところは明確に不法占領であり、それには議論の余地がない、ということです。日本政府は、この境界線を基礎とする二国家解決を原則方針としています。

次頁の地図からは、現在までに、パレスチナの領土がイスラエルに侵食され、断片化されてい

① ② ③ ④ ⑤

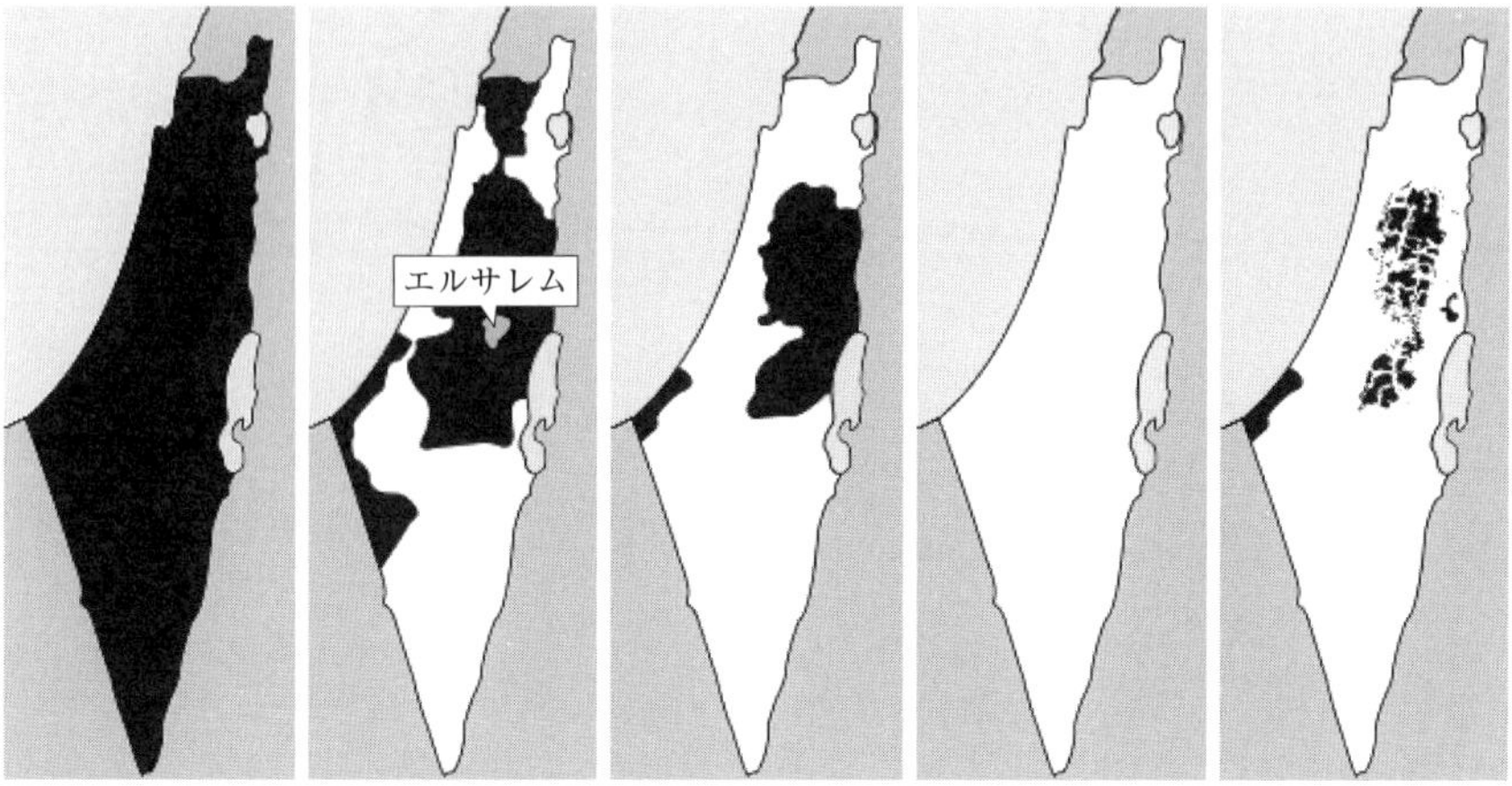

①	②	③	④	⑤
歴史的パレスチナ	1947 年（国連分割案）	1949 年（第一次中東戦争）グリーンライン	1967 年（第三次中東戦争）	現在（ただし図は 2007 年時をベースとしている）

（上）パレスチナの領土の分割・占領の推移（巻末の年表「基本的な出来事」も参照）．現代企画室『占領ノート』編集班／遠山なぎ／パレスチナ情報センター作成の地図をもとにしている．CC-BY-SA.
（下）パレスチナの周辺国．外務省ウェブサイト掲載図にもとづく．

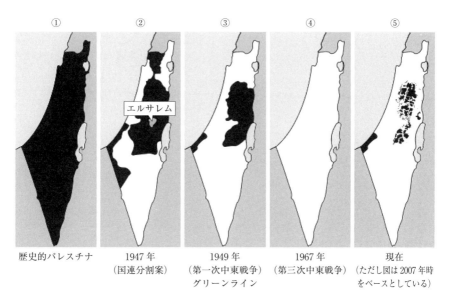

ることがわかります。一九四七年の分割決議案はパレスチナにとって不公平なものでしたが、イスラエルはその決議案の境界を越えてパレスチナ領に攻撃を加え、多くの人を虐殺し追放して建国を宣言し、さらに占領を続け、パレスチナ領を侵食してきたのです。

Q23 イスラエルはアパルトヘイト国家なのですか？

イスラエルはアパルトヘイト国家であるという主張を耳にします。アパルトヘイト体制であると言ってよいのでしょうか？　そう言える理由は何ですか？

イスラエルはパレスチナ人を抑圧・支配する制度化された体制を維持しており、アパルトヘイト国家と言うことができると思います（用語解説参照）。イスラエルがアパルトヘイト体制であることを示す制度と状況の典型的なものを以下に示しましょう。

二〇一八年、イスラエルは「ユダヤ人国家法」を可決し、イスラエルを「ユダヤ民族の国民国家」であると宣言しました。この法律では、イスラエルの地はユダヤ民族の歴史的祖国であること、イスラエルにおける民族自決権はユダヤ民族のみのものであること、国家の言語はヘブライ語であること、ユダヤ人の入植を国家的価値とし推進することなどが規定されており、ユダヤ民族を他民族と区別し特権化するものになっています。アパルトヘイトに該当する体制と行為は、この法律が成立する以前から存在しており、この法律はそれをいっそう明示的にしたものと言えます。

イスラエルのアパルトヘイト体制下でパレスチナ人が経験していることは、住居地域（イスラエル、東エルサレム、西岸またはガザ）により異なりますが、イスラエルの人権団体ベツェレムが指摘するように、「イスラエルの支配下にあるパレスチナ人はすべて、同じ地域に住むユダヤ人より権利や地位が劣るものとして扱われ」ます。特に被占領下では、パレスチナ人はイスラエル治安当局や入植者の暴力の対象となり、殺されたり、恣意的な拘禁や拷問を受けます。

イスラエルの土地の大部分は「国有」で、もともと多くがパレスチナ人のものでしたが、そのほとんどがユダヤ人コミュニティに割り当てられます。また、移住や移動にも格差があります。例えばイスラエルのユダヤ人は被占領下西岸に移住できますが、被占領下のパレスチナ人がイスラエルの市民権を取得してイスラエルに移住することはできません。異なる地区のパレスチナ人が結婚した際に住める場所にも制限があります。二〇〇三年、イスラエル議会は、イスラエル人と結婚した被占領地域のパレスチナ人にイスラエル市民権や永住権を与えることを禁ずる法律を通しました。この法律は更新され現在まで続いています。他の国籍の人々にはこのような制限はありません。被占領下のパレスチナ人は異なる地域の移動に許可が必要で、海外に行くにも特別な許可が求められます。さらに、ユダヤ人であれば世界中のどこからでもイスラエルに移住する権利が認められていますが、非ユダヤ人にはそれは認められていません。両親や祖先が現在のイスラエルの地で生まれ暮らしてきた場合でもです。また、被占領地に建設された入植者向けの道路はパレスチナ人の使用が制限されています。

5　一人ひとりの命と権利のために

二〇二三年一〇月七日以来、イスラエルがガザでやっていることが、ジェノサイド犯罪、人道に対する犯罪、戦争犯罪という国際犯罪に該当し得ることを見てきました。その背景にはイスラエルによるパレスチナの占領があります。イスラエルは、この占領のもとで、入植と実質的領土併合を進め、差別的政策を適用し、パレスチナの民族自決権を妨害しており、国際司法の中核を担う国際司法裁判所も、占領が不法であるとの勧告的意見を出しています。それにもかかわらず、本書を執筆している時点で、占領は続き、イスラエルによるガザ攻撃は止まらず、西岸での暴力も激化しています。そのような中で、ここでは、私たち一人ひとりに何ができるか、その際に国際法はどのように使えるかを、考えます。

第二次世界大戦後の国際法の展開

第二次世界大戦終了時の一九四五年に採択された国連憲章は、国際社会の平和と安全を維持すること、人々の平等と自決の原則にもとづく友好的世界を創ること、人種や性、言語、宗教による差別なくあらゆる人の人権と自由を尊重することを理念とし、国連がその中心となることをうたっています。一九四八年には世界人権宣言とジェノサイド条約が採択され、四九年にはジュネーブ諸条約が成立します。一九六六年には、社会権規約と自由権規約からなる国際人権規約が採択されます。この間、人種差別撤廃条約や女性差別撤廃条約、子どもの権利条約、拷問等禁止条約、アパルトヘイト条約、障害者権利条約など、人権と平和、平等に関する国際法の整備が進みます。また、国連人権理事会をはじめ人権を擁護するための枠組みも確立していきます。

大きな流れとして、国際法は、個人の権利の尊重、民族の自決、国際関係における武力行使の否定という方向に展開してきました。国際司法を司る機関として国際司法裁判所（ＩＣＪ）が国連憲章のもとで設置され、また国際的に犯罪の加害者を処罰するために国際刑事裁判所（ＩＣＣ）が設立されます。

とはいえ、こうした国際法の理念と概念、それを支える制度の展開による国際社会の変化は、必ずしも順調に進んできたわけではありません。民族自決は国連憲章にうたわれていますが、西洋の植民地支配を受けた地域の多くが独立したのは一九五〇年代からで、しばしば残虐な暴力と大きな犠牲を伴いました。ポルトガルの植民地だった東ティモールがその後に侵略してきたインドネシアの過酷な支配を逃れ独立国となったのは、二一世紀に入ってのことです。

国連の場では、総会は一国一票と平等ですが、安保理では五つの「大国」が常任理事国として固定されており、いわゆる拒否権をもっています。安保理が非民主的であることは、国際社会の課題として残されています（ちなみに、旧植民地が独立し国連に加盟したのち、一九七〇年代以降は米国の拒否権行使が大幅に増加していますが、これは当時のいわゆる東西対立よりも、旧植民地支配国である西側の意図を反映しているものです）。

国際的な紛争がなくならず、またしばしば力による支配が続く状況に陥るのは、多くの場合、国際法の理念と概念が不十分だからではなく、とりわけ力を持っている国や地域が国際法に違反し、司法の判断を尊重しないためです。

パレスチナ事態と国際法

パレスチナ人権センターの代表で弁護士のラジ・スラーニ氏は、「とにかくパレスチナに国際法を適用してほしい、それだけでいいんだ」（岡真理『ガザとは何か』大和書房、二〇二三年）と述べています。

前章までで見たように、パレスチナでイスラエルが二〇二三年一〇月七日以降やっていることは、国際法上の犯罪であり、その背景にある占領も不法です。

一九六七年以降の占領については、直後に占領地域からの撤退をイスラエルに求める安保理決議が採択され、二〇二四年には国際司法裁判所が勧告的意見で占領の不法性を確認し、占領のすみやかな終了と入植者の撤退、賠償が必要と述べています。

二〇二三年一〇月七日以降のガザ攻撃については、安保理が（米国の拒否権発動により複数回の不成立を経た後に）停戦を決議し、国際司法裁判所は三度にわたりジェノサイド防止のための暫定措置命令を出しています。国際刑事裁判所主任検察官は、イスラエルのネタニヤフ首相とガラント国防相への逮捕状請求を予審裁判部に提出しました。

イスラエルによる行為の多くについて、適用すべき国際法は存在し、重要な部分について、国際的な枠組みの中で公的な判断・命令も下されているのです。イスラエルは、国際法に反し、国際法にもとづく決議や命令、意見を無視して、パレスチナの占領を続け、特にガザで、ジェノサイド犯罪、人道に対する犯罪、戦争犯罪を続けているのです。また、国際刑事裁判所の捜査や訴追を妨害するために、検察官の通信を傍受し脅迫しています。

この状況をふまえると、ラジ・スラーニ氏が「とにかくパレスチナに国際法を適用してほしい」と言ったときに意味しているのは、それを無視し妨害しているイスラエルや、その後押しをしている米国や欧州といった有力諸国の、法を無視した振舞いをやめさせてほしい、ということです。国際法とその適用は、これまでも有力諸国の介入により捻じ曲げられたり妨害されたりすることがありました。しかし、インターネット（特にＳＮＳ）の発展もあり、パレスチナ事態について、イスラエルが何をやっているか、誰もがはっきりと知ることができるようになりました。この状況は、有力諸国の不当な介入をやめさせるための大きなチャンスです。同時に、国際社会全体が法の支配を尊重するのか力の支配に従うかの分岐点でもあります。

国際法と私たち

こうした状況を前に、私たち一人ひとりには何ができるでしょうか。国際司法裁判所は国と国の係争を扱い、国際刑事裁判所は個人の犯罪を扱いますが捜査や訴追は検察局が担うので、日本に住む私たち一人ひとりからは遠いもののように感じられるかもしれません。

けれども、実は、私たちの身近にも、国際法が使われた事例があります。二〇二四年二月、伊藤忠アビエーションは、イスラエルの軍事企業エルビット社との覚書を解消しました。この際には、二〇二四年一月二六日に国際司法裁判所が出したジェノサイド防止の暫定措置命令を根拠として多くの市民が伊藤忠アビエーションに働きかけたことも影響を与えました。

また、日本政府はイスラエルの入植地について、拡大政策がとられる度に、「懸念」「深刻な懸念」を表明しています。その点では、国際法をあからさまに無視することはせず、(少なくとも名目的には)国際法を尊重する態度を維持しています。国連をはじめとする国際機関に私たちが個人として個別に働きかけることはハードルが高いかもしれませんが、住民として、有権者として、国際法も使いながら、自分が暮らす国が適切な対応をとるよう政府や議員に働きかけることはできますし、それは民主主義社会の基本となることです。

国際法を私たちが有効に使っていくためには、国際法の基本を把握し、事態を国際法に照らして認識することが第一歩です。本書では、大きく二つの点を確認しました。

- イスラエルがガザでやっていることは「災害のような悲惨でひどいこと」ではなく、ジェノサイド犯罪、人道に対する犯罪、戦争犯罪に該当し得るもので、加害者は処罰されるべきであること。
- その背後にあるのは、対等な二つの勢力の対立やその間の暴力の連鎖といったものではなく、イスラエルによるパレスチナの占領であり、自決権行使の妨害であって、これらは国際法に明白に違反していること。

このように見渡してみると、私たちが働きかけることのできるいくつかの方向が見えてきます。

メディアの報道については、イスラエルとハマスの紛争という枠組みではなく、国際法を基準にジェノサイド犯罪をはじめとする国際犯罪として事態を扱い、報道されている出来事が犯罪行為に該当し得るときにはそのことを適切に報じるよう求めることができます。

日本政府に対しては、イスラエルが国際犯罪を行なっているだけでなく安保理決議やＩＣＪの暫定措置命令を繰り返し無視していることをふまえ、イスラエルへの制裁措置をとるよう求めることができます。また、パレスチナ国を正式に承認することを求め、加えて国連加盟を妨害している米国に働きかけるよう求めることも重要でしょう。

国際司法裁判所では、イスラエルがジェノサイド犯罪を行なっていると南アフリカから提起されています。その手続きが適切になされることを支持するために、南アフリカの側で手続きに参加するよう日本政府に求めることができます。

国際刑事裁判所に関しては、イスラエルや米国が国際刑事裁判所を脅している中で、二〇二四年六月一四日、日本を含む九三カ国が、国際刑事裁判所が独立性と専門性を維持してその義務を果たすことを支持する宣言に、賛同しています。日本政府に、この方針をさらに進め、国際刑事裁判所にパレスチナ事態を付託するよう求めるとともに、イスラエルや米国に妨害をやめるよう働きかけることを求めることも、私たち一人ひとりにできることです。

最後に、南アフリカにおけるアパルトヘイト体制の終焉には、「ボイコット・投資撤収・制裁」（ＢＤＳ）運動が大きな力となったことを思い起こしておきたいと思います。イスラエルはアパルトヘイト体制を敷いているとみなし得るので、イスラエルを支援する企業のボイコットを行ない、投資撤収を投資機関に求めていくことは、制裁に加えて、国際法を適用し遵守させるための重要な手段になるでしょう。

イスラエルによるガザ攻撃は一年を超えてやむことなく続いています。犯罪を止めるための働きかけを続けるために、また、停戦がなされたあと、大本にある不正義である占領の問題に取り組んでいくためにも、このブックレットが参考になることを願っています。

用語解説

アパルトヘイト　国際法においてアパルトヘイトは、アパルトヘイト条約と国際刑事裁判所（ＩＣＣ）ローマ規程で犯罪として定められており、人道に対する犯罪を構成する。基本的に、一つの人種的集団が他の人種的集団を抑圧・支配する制度化された体制が存在する中で、その体制を維持する意図をもって非人道的な行為を行なうことがアパルトヘイトである。「非人道的な行為」には、人種的集団の構成員を殺害すること、拷問すること、性的暴力を行なうこと、恣意的に逮捕しまた違法に投獄すること、（自国を去り自国に戻る権利や移動および居住の自由についての権利を含む）基本的な人権と自由を認めないこと、土地・財産を没収することなどが含まれる。国際法におけるアパルトヘイトの規定は南アフリカで存在した人種隔離体制を発端としているが、「人種」という言葉の範囲を含め、より一般的なものとなっている。アパルトヘイトは、ジュネーブ条約の第一追加議定書の「重大な違反行為」とされており、戦争犯罪としても認められている。また、国際人権条約である人種差別撤廃条約第三条で禁止される行為としてもあげられている。さらにアパルトヘイトの禁止は、慣習国際法として確立しており、強行規範（ユス・コーゲンス）ともされているため、すべての国家を束縛する。

ガザ　歴史的パレスチナの地のうち、一九六七年以前の境界線にもとづくパレスチナ領の中で地中海に面し南端でエジプトに接している地域（五七頁の地図参照）。約二二〇万人が暮らす。イスラエルは二〇〇五年までガザでも入植を進め、一万人に満たない入植者が四割の土地を占有していた。その後、入植者とイスラエル軍はガザ内部からは撤退したが、周囲を全面封鎖して、人と物資の出入りをコントロールしてきた。

シオニズム・シオニスト　シオニズムはユダヤ人を一つの民族とし、特にパレスチナをユダヤ人の祖国の地としてユダヤ人国家創設をめざす運動で、現在のイスラエルのイデオロギーの基幹をなす。一九世紀末にテオドール・ヘルツルが提唱し、その後、初代イスラエル大統領となったハイム・ヴァイツマンが推進した。シオニストはシオニズムを支持する人をさす。

自決権侵害　民族の自決権は、国連憲章第一条で認められた原則で、一九六〇年までに慣習国際法として完全に確立し、一九六六年に採択された社会権規約・自由権規約共通第一条にも盛り込まれた。国際法上、自決権の尊重はあらゆる国が従わなくてはならない強行規範（ユス・コーゲンス）である。イスラエルは大きく四つの点でパレスチナの自決権を侵害している（二〇〇四年・二〇二四年の国際司法裁判所勧告的意見）。第一に領土の保全は自決権に必須のものであるが、イスラエルは大規模な領土の併合と入植を進め、西岸・東エルサレムを分断し断片化し、パレスチナ人の利用が制限された道路を大規模に建設するなど、これに違反した政策を続けている。第二に、自決権には民族の離散や民族の統合を損なう行為からの保護が伴うが、イスラエルによる分離壁の建設や入植政策、領土併合、それらに関連したパレスチナ人に対する差別的な制度などはそれに違反している。第三に、自決権には自らの領土の天然資源に対する主権が伴うが、イスラエルはパレスチナ人のその権利を侵害し、自らの利益のために占領地の天然資源を利用している。第四に、人々が政治的地位を自らの自由意志で決定し、また経済的・社会的・文化的発展を追求する権利は自決権の枢要をなすが、イスラエルによる占領はこれらを阻害している。自決権は、単にある集団が形式的に国として認められるかどうかをめぐるものではない。パレスチナが正式に国連加盟国になったとしても、イスラエルによる占領が続く限り、イスラエルがパレスチナの自決権を侵害している状況は続く。

西岸　歴史的パレスチナの地のうち、一九六七年以前の境界線にもとづくパレスチナ領の中で、ヨルダン川の西側に位置する地域（五七頁の地図参照）。約三二〇万人が暮らす。東エルサレムを含めて西岸と呼ばれることがある。現在、行政と治安をパレスチナ自治政府が担当するA地区（西岸の一八パーセント）、行政をパレスチナ自治政府、治安をイスラエルが担当するB地区（同二二パーセント）、行政も治安もイスラエルが担当するC地区（同六〇パーセントで肥沃な土地が多い）に分かれる。イスラエルは特にC地区で国際法に反した入植を進め、分離壁を建設してパレスチナ人の生活を制約・分断している。以前からイスラエル軍や入植者による暴力や破壊、殺害、超法規的拘禁が行なわれてきたが、特に二〇二三年一〇月以降は、それらが増加している。

ハマス　パレスチナの地でのシオニズムに対するイスラム主義の抵抗組織。社会福祉運動に従事していたグループを母体とし一九八七年に結成された。創設者はアハマド・ヤシン師（二〇〇四年にイスラエルに殺害された）。当初イスラエルはパレスチナ人の分断を促すためハマスを支援した経緯がある。二〇〇六年のパレスチナ立法評議会選挙で過半数の議席を獲得したが、米英をはじめとする西側が後押しするファタハとの対立で西岸からガザに追い出され、ガザ内部の政権を担う。武装部門としてアル＝カッサム旅団がある。

1993 年：オスロ合意(1995 年オスロ合意 II)．難民の帰還などの重要問題を棚上げにしたまま中途半端なパレスチナの「自治」が成立．基本的問題は棚上げのまま 1994 年にパレスチナ暫定自治政府設立．その後もシオニストの入植は増加．

2000 年：イスラエルのアリエル・シャロンが東エルサレムのアルアクサ・モスクを訪問し挑発したことをきっかけに第二次インティファーダ．

2004 年：国際司法裁判所(ICJ)，イスラエルの分離壁を不法とする勧告的意見．

2005 年：イスラエル，ガザの入植地から撤退．

2006 年：パレスチナの立法評議会選挙でハマスが勝利．ハマスはガザに追放され 2007 年以降ガザ内部を統治．

2007 年：イスラエル，ガザを完全封鎖．

2008 年〜：イスラエル，ガザを複数回にわたり攻撃(2008 年「キャストレッド」作戦，2012 年「防衛の柱」作戦，2014 年「防衛の刃」作戦など)．

2015 年：国際刑事裁判所(ICC)，パレスチナ事態の捜査を開始．

2018 年：追放されたパレスチナ人の帰還とガザの封鎖解除を求める大規模な抵抗運動がガザとイスラエルの境界で行なわれる(「帰還の大行進」)．帰還の大行進では 2019 年 3 月までにイスラエル軍により子ども 50 人を含む 266 人が殺される．2008 年 1 月から 2023 年 9 月までのパレスチナ人犠牲者はイスラエル・西岸も含め 6407 人，イスラエル側死者は 310 人．

2023 年 10 月 7 日：ハマス，イスラエルを攻撃．イスラエル，ガザ攻撃を開始(「鉄の剣」作戦)．

2024 年：**1 月**，ICJ，イスラエルにジェノサイド予防の暫定措置命令(3 月と 5 月にも)．**5 月**，ICC 主任検察官，イスラエル首相と国防相，ハマス指導者 3 名の逮捕状請求．**7 月**，ICJ，イスラエルの占領を不法とする勧告的意見．

年表：基本的な出来事

1897年：スイスのバーゼルで最初のシオニスト会議が開かれシオニスト組織が結成される.

1917年：英国，パレスチナでのユダヤ人国家建設を支持すると表明(バルフォア宣言).

1922年：国際連盟，パレスチナを英国の委任統治領に．委任統治では，パレスチナでの「ユダヤ民族の故郷」確立に責任を負うとも.

1947年：**2月**，英国が委任統治終了を国連に提案．**11月**，国連パレスチナ分割決議案(決議181号)採択.

1948年：**4月**，シオニスト民兵によるデイル・ヤーシンの虐殺．**5月**，英国の委任統治が終了．**14日**，イスラエル独立宣言．**15日**，第一次中東戦争勃発．この間，パレスチナ人の大規模な追放(ナクバ)．特に5月15日は「ナクバの日」とされる.

1949年：いわゆる「グリーンライン」を境界として停戦，第一次中東戦争が終了.

1967年：**6月**，第三次中東戦争(いわゆる「六日間戦争」．第二次中東戦争は1956年，英仏イスラエルとエジプトの間で戦われた戦争)．イスラエルが東エルサレムを含む西岸，ガザ，ゴラン高原(シリア)，シナイ半島(エジプト)を占領．**11月**，占領の終焉を求める国連安保理決議242号採択.

1980年：イスラエル国会，被占領下の東エルサレムを含むエルサレムをイスラエルの首都とする法律(「基本法」)を採択．これ以降，被占領下パレスチナへのシオニストの入植がさらに増加.

1982年：イスラエル，パレスチナ解放機構(PLO)破壊を目的にレバノン侵略．サブラ＝シャティーラ虐殺.

1987年：ガザのジャバリヤ難民キャンプを発端とする第一次インティファーダ(イスラエルの占領に対するパレスチナの人々の抵抗蜂起).

ステファニー・クープ
青山学院大学法学部ヒューマンライツ学科准教授．法学博士．専門は国際刑事法，特に国際犯罪とジェンダー・人権．イスラエル＝パレスチナ事態について，国際法学会ウェブサイトで公開されているエキスパート・コメントを執筆．YouTubeチャンネル「国際法からとらえるパレスチナ」で解説．著書に『国際刑事法におけるジェンダー暴力』（日本評論社，2012年．ジェンダー法学会2013年第6回西尾学術奨励賞受賞）ほか．

本書内で引用した報道のリンク先は本書の書誌情報ウェブサイトでご覧いただけます．
https://iwnm.jp/271101

国際法からとらえるパレスチナQ＆A
——イスラエルの犯罪を止めるために　　岩波ブックレット1101

2024年12月4日　第1刷発行

著　者　ステファニー・クープ

発行者　坂本政謙

発行所　株式会社 岩波書店
〒101-8002 東京都千代田区一ツ橋2-5-5
電話案内 03-5210-4000　営業部 03-5210-4111
https://www.iwanami.co.jp/booklet/

印刷・製本　法令印刷　　装丁　副田高行　　表紙イラスト　藤原ヒロコ

ISBN 978-4-00-271101-0　　Printed in Japan